FINANCIAL RISK AND FINANCIAL TECHNOLOGY
TRADITION AND DEVELOPMENT

金融风险与金融科技：
传统与发展

邱志刚 著

中国金融出版社

责任编辑：贾　真
责任校对：李俊英
责任印制：丁淮宾

图书在版编目（CIP）数据

金融风险与金融科技：传统与发展/邱志刚著 . —北京：中国金融出版社，2021.3
ISBN 978 - 7 - 5220 - 1069 - 4

Ⅰ . ①金…　Ⅱ . ①邱…　Ⅲ . ①金融风险—风险管理—研究②金融—科学技术—研究　Ⅳ . ①F830.9

中国版本图书馆 CIP 数据核字（2021）第 042240 号

金融风险与金融科技：传统与发展

JINRONG FENGXIAN YU JINRONG KEJI：CHUANTONG YU FAZHAN

出版　**中国金融出版社**
发行
社址　北京市丰台区益泽路 2 号
市场开发部　（010）66024766，63805472，63439533（传真）
网 上 书 店　www.cfph.cn
　　　　　　（010）66024766，63372837（传真）
读者服务部　（010）66070833，62568380
邮编　100071
经销　新华书店
印刷　保利达印务有限公司
尺寸　169 毫米×239 毫米
印张　11.75
字数　185 千
版次　2021 年 3 月第 1 版
印次　2021 年 3 月第 1 次印刷
定价　46.00 元
ISBN 978 - 7 - 5220 - 1069 - 4
如出现印装错误本社负责调换　联系电话（010）63263947

前　言

　　有人说，金融是一门关于风险的学科。从学科发展角度来看，这种说法不无道理，无论是期望—方差分析（Mean – Variance Analysis）、资本资产定价模型（CAPM），还是布莱克—肖尔斯（Black – Scholes）的期权定价模型，风险都是研究重点。然而，随着新金融业态的日益丰富，金融风险的模式一直在变化，尤其在金融科技高速发展的今天。一方面，在新冠肺炎疫情下股票市场频繁暴跌，美股熔断代表了传统资产市场上的风险；另一方面，互联网融资平台的频繁爆雷又代表新型的金融风险。

　　本书试图梳理金融风险背后的机理，探讨金融风险模式的变化，在金融学原理的基础上梳理历史，利用传统金融理论分析当下，并针对新型金融风险模式探讨金融科技发展的背后逻辑。针对传统金融风险，本书阐述了各种类型的金融风险及金融产品的特点，对股票风险、利率风险、期权风险、风险价值、信用风险等基础知识进行介绍。应用基础知识，本书在内生性风险的框架下对 1987 年的黑色星期一、1998 年的长期资本管理（LTCM）、1998 年的套息交易、2008 年的美国次贷危机、2015 年的中国股市异常波动及 2020 年新冠肺炎疫情下美股多次熔断进行了分析。同时，在面对金融科技高速发展的今天，本书也分析了以互联网金融为背景的新型金融风险，并对金融科技发展背后的逻辑进行了剖析。

　　本书在内容上有一定的学术性，试图在充分理解理论基础后对金融风险进行分析。尤其是传统金融风险部分，需要对金融市场和产品有着充分的了解，而风险分析方面又需要理解金融学中的经典理论。从完整性上考虑，很多专题都涉及一定的数学推导。为了让本书的内容更容易接受，笔者把数学推导放到了每个专题的附录。

在编写过程中，我要特别感谢给予我帮助的同学们，他们是杨真、申燮阳、赵璐、冯健、潘佳程、王子悦及中国人民大学金融创新研究中心的研究助理们。另外，第十章的部分内容来自笔者与罗煜、江颖、伍聪合作发表在国际金融研究上的学术论文："金融科技会颠覆传统金融吗？——大数据信贷的经济解释"，在此对我的合作者们表示感谢！最后，感谢清华大学产业创新与金融研究院的资助，以及国家自然科学基金项目"关于基金行业组织结构的理论与实证研究"（71773127）的资助。

本书很多观点都是个人学术观点，难免有遗漏和不足，诚恳接受读者的批评指正。

邱志刚

2021 年 1 月

目　录

第一章 传统风险度量模式：方差和贝塔系数

　　在投资过程中，收益与风险几乎是同时出现的。一般来说，我们会观察到，风险越大的投资（如股票）往往能实现更高的收益，而低风险的资产（如国债）收益率往往较低。在今天，这几乎是所有金融从业者的共识。然而，直到 1952 年，诺贝尔经济学奖得主马科维茨（Markowitz，1952）对投资者行为进行了期望—方差分析，开创性地提出用方差度量风险，正式提出了风险的度量指标。另外一位诺贝尔经济学奖得主夏普（Sharpe，1964）以马科维茨的分析为基础，在均衡下求解了资本资产定价模型（Capital Asset Pricing Model，CAPM），并以贝塔系数衡量风险。[①]

　　期望—方差分析和资本资产定价模型是当代金融学尤其是资产定价的开山之作，引发了整个金融学科的繁荣。而方差和贝塔系数也成为最早期的风险度量指标。在马科维茨的期望—方差分析中，方差是风险的度量指标，而在夏普的分析中，贝塔系数是风险的度量指标，并且和资产的期望回报率呈线性关系。在本章，我们就将介绍期望—方差分析与资本资产定价模型，并对方差和贝塔系数两个风险指标进行分析。

一、期望—方差分析

　　马科维茨主要分析的是投资者投资的期望和方差，其分析结果是投资

○　另外几位经济学家，如林特尔（John Lintner）、特里诺（Jack Treynor）和莫辛（Jan Mossin）等人也在该领域得出了相类似的结果。

者的最优投资组合。

马科维茨投资期望—方差分析的基本思想：投资组合是一个风险与期望收益的取舍（trade - off）问题，两者都是可以量化的。投资者希望最大化其投资的期望收益，最小化其投资风险，即方差。在马科维茨的分析中，投资者首先找到在给定收益率水平下方差最小的投资组合，然后在最小方差的投资组合中选取期望收益最高的资产组合。该组合又被称作有效前沿（efficient frontier），所有的投资者在有效前沿上选择投资组合。在可选择资产较多时，马科维茨的理论还能指导投资者通过分散化的投资来对冲风险。

（一）投资组合的期望收益与方差

马科维茨分析的主要假设是投资者只在意期望收益和风险，也就是方差。为了完整地理解马科维茨的期望—方差分析，我们首先对投资组合的期望收益和方差进行介绍。

期望收益和通常的收益不同，指的是对投资可能产生的回报进行加权平均，其权重对应于这一投资回报所出现的各种可能的概率。可能的回报及相应的概率可以根据历史数据估计，或者通过主观估计。

例如，假定某投资者用1万元资金进行投资，投资期限为一年。一种可能是将所有资金投资于国债，其相应的年回报率为3%，此项投资无风险，但预期回报率只有3%。另外一种可能是将所有资金投入某只股票。为简单起见，我们用表1 - 1来显示该只股票回报的各种可能及相对应的概率。

表1 - 1　　　　　　　　　　股票的回报率及相应概率示例

回报率（%）	概率
20	0.4
5	0.4
-30	0.2

也就是说，预计股票上涨20%的概率为0.4，上涨5%的概率为0.4，下跌30%的概率为0.2。将预计回报率按概率进行加权平均，可以得到股

票的期望收益为

$$0.2 \times 0.4 + 0.05 \times 0.4 + (-0.3) \times 0.2 = 0.04$$

可见，投资股票能使期望收益提高到 4%，但相应地，投资者有可能承担亏损 30% 的风险，概率为 0.2。

马科维茨对风险的度量在数学上采用方差或标准差，它们都能量化风险，后者是前者的平方根。假设一笔投资的期望收益为 $E(R)$，则它的标准差为

$$\sigma = \sqrt{E(R^2) - [E(R)]^2} \qquad\qquad (1-1)$$

标准差有时也叫波动性，是衡量资产风险的常用指标。

很显然，投资国债的风险为 0，而对于投资股票而言，可以计算得到 $E(R^2) = 0.035$，于是标准差为 $\sigma = \sqrt{0.035 - 0.04^2} = 0.183$，即 18.3%。

国债和股票各自具有不同的预期收益和标准差/方差。如果不同的投资机会都可以用期望收益和标准差/方差来描述，那么我们可以用图 1-1 来表示具有不同风险的投资可能，其中横轴表示回报的标准差，纵轴表示预期回报。

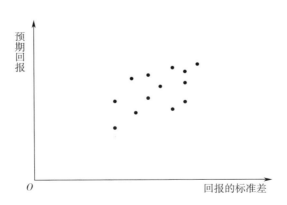

图 1-1　预期回报与标准差

在投资过程中，投资者通常不会单纯持有一种资产，如果持有多种资产，一个自然的问题就是，它们组合的期望回报和标准差是多少？我们用以下例子来进行说明：

假设现有两种资产，收益分别为 R_1 和 R_2，且分别具有标准差 σ_1 和 σ_2，相关系数为 ρ，在两种资产上的投资份额分别为 w_1 和 w_2，则显然，组合的收益为

$$R = w_1 R_1 + w_2 R_2$$

如果两种资产的期望收益分别为 μ_1 和 μ_2，对上式求期望也可得

$$\mu = w_1 \mu_1 + w_2 \mu_2$$

其中，μ 代表了整个组合的期望收益。

数学上可以得到两者形成的投资组合的标准差为

$$\sigma = \sqrt{w_1^2 \sigma_1^2 + w_2^2 \sigma_2^2 + 2\rho w_1 w_2 \sigma_1 \sigma_2} \qquad (1-2)$$

为了更直观地看出资产组合的标准差与期望收益的关系，考虑不断变动资产的配比 w_1 和 w_2，则组合的期望收益与标准差也会变化。假设现有两种风险资产，期望收益 $\mu_1 = 0.04$，$\mu_2 = 0.08$，各自的标准差 $\sigma_1 = 0.06$，$\sigma_2 = 0.09$，相关系数为 0.2，将 w_1、w_2 的配比在 0 和 1 之间不断变化，可以得到表 1-2。

表 1-2　　　　　　　　　　投资组合期望与方差示例

w_1	w_2	μ	σ
1.00	0.00	0.0400	0.0600
0.90	0.10	0.0440	0.0565
0.80	0.20	0.0480	0.0545
0.70	0.30	0.0520	0.0543
0.60	0.40	0.0560	0.0558
0.50	0.50	0.0600	0.0589
0.40	0.60	0.0640	0.0633
0.30	0.70	0.0680	0.0689
0.20	0.80	0.0720	0.0753
0.10	0.90	0.0760	0.0824
0.00	1.00	0.0800	0.0900

将得到的期望收益与标准差作于一张图上，就可以得到如图 1-2 所示的曲线关系。

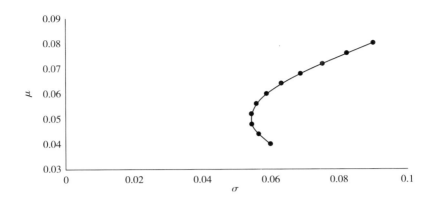

图 1-2　投资组合的 $\mu-\sigma$

可以看到，随着第二种资产逐渐加入，资产组合的期望收益在逐渐增加，而标准差却呈现先下降再增加的形态，得到的组合的标准差低于其中任何一种资产的标准差，而期望收益却好于低风险的资产。当两种资产配比大致在 7:3 时，期望收益较初始状态增长 1.2%，而标准差却下降了 0.6%。更严谨的证明可以从数学推导中得到，在数学上可以证明此时的图线是一条双曲线，图中的曲线还可以继续向两端延伸，只需要卖空某种资产即可。在图 1-2 中，我们可以得到风险分散的结论。

相关系数为 ρ 代表两个变量之间的相互关系及其相关方向。图 1-2 中曲线的形状和两种资产的相关系数密切相关，正的相关系数表明两者的收益率呈现大致同向的变化，即一方增长另一方也倾向于增长，反之则相反。如果 ρ 为负甚至接近 -1，或者接近 1，则投资组合的期望和标准差会呈现不同的结果。

在资产完全负相关的情况下（见图 1-3），通过资产组合能够将总标准差降至 0，也就是可以构造一个无风险的投资组合。而在资产完全正相关时（见图 1-4），投资组合无法降低标准差，这种情况类似于买入两种相同的资产，因此没有任何分散风险的作用。由于大部分资产的相关系数都介于 -1 和 1 之间，因此曲线形态大部分呈现出左凸形。

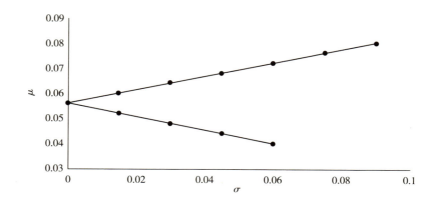

图 1 - 3 投资组合的 $\mu - \sigma$ ($\rho = -1$)

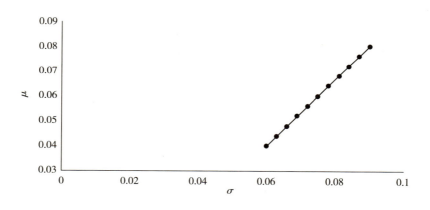

图 1 - 4 投资组合的 $\mu - \sigma$ ($\rho = 1$)

（二） 有效前沿

有效前沿其实就是期望—方差投资者的最优投资组合，也就是期望—方差投资者的投资选择。之所以叫有效前沿是因为不可能再找到给定方差、期望收益更高的组合，或给定期望收益、方差更小的组合。也就是最大化投资者的风险调整过的期望收益。

从上一节的两个资产的例子，我们逐渐增加投资组合中的资产，就可以让投资回报曲线向左上方移动，因为在既有选择变多的情况下，投资者总是可以选择那些更有利于他的组合，优化自己的期望回报和方差。将第三种资产同前面的两种资产进行任意组合，进一步产生不同的风险回报组合，使我们的投资回报进一步往左上方移动，再加入第四种资产，不断重复下去，就可以得到投资组合的有效前沿（见图 1－5），这些有效前沿上的投资组合往往被称为有效集（efficient set）。

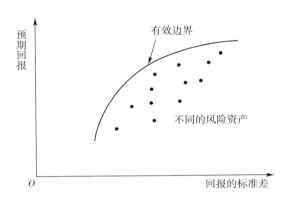

图 1－5　有效前沿

有效前沿是曲线向左上方移动的极限。对应有效前沿的任意一点，不可能找到某种投资会比其更优，也就是说不可能找到某一资产或组合，其投资回报比有效边界的点所对应的投资回报更高而同时所对应的标准差更低。有效前沿实际上就代表了投资组合所能形成的最优情况：在既定标准差下得到最大期望收益，或在既定收益下得到最低标准差。

有效前沿是一条向右上方倾斜的曲线，反映了"高收益、高风险"的原则。同时，它也是一条向左凸的曲线。有效集上的任意两点所代表的两个组合再组合起来得到的新的点（代表一个新的组合）一定落在原来两个点的连线的左侧，这是因为新的组合能进一步起到分散风险的作用，所以曲线是向左凸的。另外，有效集曲线上不可能有凹陷的区段。为了得到有效前沿，需要计算在多种资产的情况下投资组合的期望收益和标准差。给出投资组合的表达式后，首先在给定的期望收益下求最小方差，得出最小方差组合，然后在最小方差组合中找到期望收益最大的投资组合，即有效前沿。①

　　将求出的期望收益和标准差描点连线，就可以得到有效前沿，得到的有效前沿 $\mu-\sigma$ 仍然是双曲线。投资者应该尽可能选择有效前沿上的投资组合，这些投资组合具有最小方差或最大预期收益。在此基础上，若能给出投资者的风险偏好关系，也就是投资者的无差异曲线，就能具体确定投资者会选择何种投资组合。在同一条无差异曲线上，投资者的效用是相等的，描述了投资者能承受的风险和预期收益之间的关系，可以想象这样一条线是向右下凸的。对于无差异曲线而言，左上的线代表了更高的预期收益与更低的风险，因此效用更高。通过寻找有效前沿与投资者无差异曲线的切点，就能找到最佳投资组合（见图 1-6）。

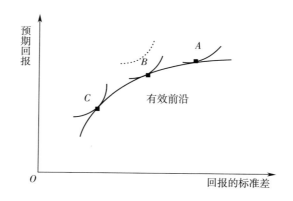

图 1-6　投资者在有效前沿上的选择

　　期望—方差的投资者希望在增加预期收益的同时减少回报的标准差，体现在图中时，他们希望自己的投资回报曲线向左上方移动，因此在两种资产合理配比的情况下，可以达到增加收益、减少风险的目的。也就是说，期望—方差投资者最优投资组合就在有效前沿上，这也是马科维茨的最主要的结论。

---

　　①　我们在附录中给出了有效前沿的数学求导步骤。

（三）期望—方差分析的应用与评价

有效前沿的得出，反映了马科维茨期望—方差分析的一个重要应用就是分散化降低风险，有效前沿上的投资组合都是原始资产经过充分分散化得到。通过"将鸡蛋放在不同的篮子里"，投资组合对冲了原先各种资产的风险。在之前的例子里，我们也可以看到，当资产的数量增加时，由于风险分散化，投资组合的总方差是下降的。当资产数量足够多时，分散化方差下降到一定程度就不能再下降了。我们把可以通过分散化下降部分的方差叫作特定资产风险或非系统性风险，把分散后不能够继续下降的部分叫作系统性风险（见图 1-7）。系统性风险和非系统性风险的提出也为下一步的均衡分析（夏普的 CAPM）提供了研究方向。事实上，对于单种资产来说，我们用贝塔系数来衡量系统性风险。

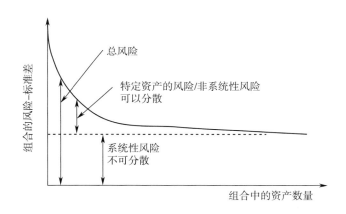

图 1-7　风险分散

马科维茨的期望—方差分析对于现代金融投资理论主要有以下一些贡献。

第一，期望—方差分析表明投资中应该注重分散投资行为，而传统上人们仅仅将预期收益最大化看作投资组合的目标。期望—方差分析由此提出了与现实更为接近的目标函数，解决了过去金融经济学以预期收益最大化作为证券组合目标与实际中的分散投资者投资行为相矛盾的问题。

第二，提出了单一证券的风险取决于它与其他证券的相关性的论点。投资组合的方差是资产的方差和协方差的函数，在组合高度分散的情况下，来自资产方差的风险趋于零，因此，单一证券对于投资组合风险的贡献取决于它与其他证券的相关性。由此也区分了系统性风险与非系统性风险，这两个概念被广泛使用于风险管理之中。

第三，提出了计算最佳投资组合的数学途径，通过二次规划求解可以解出有效前沿及各种资产的投资权重，得到有效投资集合。理性的投资者将选择并持有这些有效投资组合，获得最小化的方差或最大化的期望回报。

然而，期望—方差分析的缺点也相当明显。马科维茨期望—方差分析理论的假设条件太强。对于市场，理论要求其完全可分且充分流动，市场无摩擦，无交易费用、代理费用和税收；对于投资者，要求其为理性投资者、具有无限信用额度，可以无限制向银行借贷且存贷利率相同；此外，还要求投资者都接受市场的价格，获得相同的信息，信息成本不存在。

除了假设过强，期望—方差分析强调方差作为资产风险的度量，这只适用于对称分布的资产收益，忽略了具体损益的分布。投资过程中排除了消费的影响，只考虑了单期投资，不适用于动态分析的问题。这些假设条件使理论分析与现实经济情况有一定的差异。在使用马科维茨期望—方差分析指导投资实践时，需要认识到这一理论与现实经济金融活动的差距。当然，马科维茨的分析是当代金融学，尤其是资产定价领域的开山之作，其重要性不言而喻。

二、CAPM 模型

资本资产定价模型是由美国学者夏普（William Sharpe）于 1964 年在资产组合理论和资本市场理论的基础上发展起来的，主要研究证券市场中资产的预期收益率与风险资产之间的关系，是马科维茨理论的拓展。它是现代金融市场价格理论的支柱，广泛应用于投资决策和公司理财领域。

（一）资本市场线与证券市场线

在上面马科维茨理论的例子里，我们只考虑了各种风险资产，而实际上投资者还可以选择无风险投资。在这部分分析中，我们可以假设无风险投资的收益为 R_F。根据无风险资产的特性，R_F 为常数，所以其方差为零。因为方差为零，无风险资产在 $\mu-\sigma$ 图线上就是纵轴上的一点。在引入无风险资产后，投资者可以将一部分钱投资在由风险资产组成的投资组合上，另一部分钱投资在无风险资产（或以无风险利率借款投资），从而组成一个新的投资组合。根据无风险资产的定义，这个新的投资组合是之前有效边界上的一点和无风险资产这一点所连成的一条直线。①

期望—方差投资者偏好期望—标准差图中左上的区域（方差小、期望收益高），希望无风险资产与有效集重新组合后的结果偏向左上。因为新的投资组合无风险投资和有效前沿上的点连线，最大化投资效用等同于最大化该直线的斜率。因此，应该取过无风险资产且与有效前沿相切的切线，这条线的斜率最大，相同的标准差取到更高的预期收益，所形成的组合要优于其他连线上的组合（见图 1-8）。

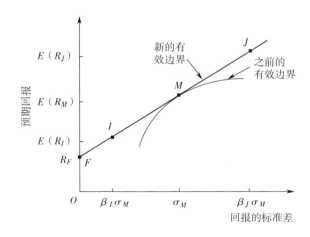

图 1-8　存在无风险资产的有效前沿

假设将 β_1 的资金投入有效前沿上的切点 M（M 对应一种马科维茨理论框架下的最优风险投资组合），$\beta_2=1-\beta_1$ 的资金投入无风险资产 F，进行

---

① 这是因为在无风险资产标准差为 0 的情况下，无风险资产与有效前沿上一点线性组合的期望收益与标准差也是线性变化的。

这样的组合后，可得到新组合的预期收益：

$$\mu = E(R) = (1 - \beta_1)R_F + \beta_1 E(R_M) \qquad (1-3)$$

由于无风险资产标准差为 0，新组合的标准差就是 $\beta_1\sigma_M$。直线 FM 上每一点都可以通过配置 β_1 来得到（M 右侧代表卖空无风险资产），注意到 FM 上的点要优于原先的有效前沿，因此直线 FM 成为新有效前沿（见图 1-9）。

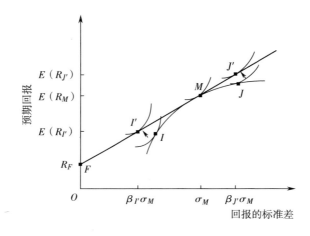

图 1-9   投资者在存在风险资产的有效前沿上的选择

当引入无风险资产后，有效前沿变成了一条直线，也就是说预期回报与标准差之间产生了一种线性替换关系。由于投资者是理性的，他们倾向于选择有效前沿上的资产，因此他们都会选择同样的风险性资产，即切点 M 所对应的风险资产组合。

M 被所有投资者选择的特点，决定了它必须包含所有可能的风险投资资产。假设某种特殊的风险资产没有包含于投资组合 M，这就会导致没有投资者持有这一资产，它的价格会下跌，预期回报增加，最终成为组合的一部分。这种供需分析的结果就是，组合 M 中各种风险资产的数量和整个经济中所有可能投资的风险资产形成一定比例，它代表了整个市场，通常就把 M 称为市场投资组合（market portfolio）。例如，可以将市场指数（如道指或标普 500 指数）的回报率作为市场组合的回报率。

射线 *FM* 被称为资本市场线（Capital Market Line，CML），它对有效组合的期望收益和风险间的关系给出了描述，*F* 点右侧的斜率，代表了对单位风险的补偿。如果有证券脱离了资本市场线，它或者因为给出了过高的风险补偿而成为抢手货，造成价格上涨，或者因为风险报酬偏低无人问津，造成价格下跌，使证券的收益和风险又落回 CML。根据以上分析，所有证券的风险和收益都会落入 CML，形成均衡。那么在均衡时，所有投资者都持有市场投资组合，因此每个投资者在意的是市场的方差。

对于每种资产，投资者在意的不是其方差，而是该资产对市场投资组合方差的贡献程度。为衡量贡献程度，我们构建了一个新的指标——贝塔系数：

$$\beta_i = \frac{\mathrm{Cov}(R_i, R_M)}{\sigma_M^2} \qquad (1-4)$$

贝塔系数衡量了这只股票对市场组合方差的贡献程度，是市场组合方差的组成部分。通过数学推导，我们可以得出贝塔系数和期望收益之间的关系，也就是著名的资本资产定价模型（CAPM）：

$$E(R_i) - R_F = \beta_i [E(R_M) - R_F] \qquad (1-5)$$

将 $E(R_i)$ 与 β_i 作在一张图上，就得到了证券市场线（Securities Market Line，SML），如图 1 – 10 所示。

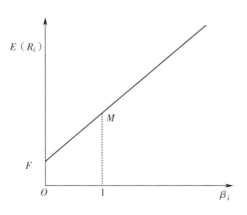

图 1 – 10　证券市场线

证券市场线清晰反映了风险资产的预期收益与其所承担的系统风险贝塔系数之间呈线性关系，描述了市场均衡条件下，单项资产或资产组合（不论它是否已经有效分散风险）的期望收益与风险之间的关系，体现了高风险高收益、低风险低收益的原则。如果单项资产或资产组合对于整个市场组合方差的贡献程度（贝塔系数）小于1，说明它是趋于保守的，获取的预期收益小于市场组合。如果贝塔系数大于1，则需要承担高于市场组合的风险，因此获得更高的风险补偿。市场组合自身的贝塔系数等于1。当然也存在负的贝塔值，许多人认为黄金的价格趋势与证券市场相反，那么它就具有负贝塔。

资本市场线和证券市场线都是 CAPM 理论的重要内容，一般用证券市场线的形式作为 CAPM 的表达式。两者从区别上来看，CML 描绘了有效资产组合（风险资产与无风险资产构成的资产组合）的风险溢价是资产组合标准差的函数，而 SML 刻画了单项风险资产的风险溢价，它是该资产风险的一个函数，其中，作为高度分散化组合的一部分，单项资产的风险并不由它的方差衡量，而是它对市场组合方差的贡献度，用贝塔系数来衡量。在给出贝塔系数的情况下，SML 能得出投资者为了补偿风险所要求的期望收益。

（二）贝塔系数

在 CAPM 理论中，度量风险资产所承担的系统性风险的指标就是贝塔系数，它对市场波动的反应越强，贝塔系数就越大。如果一只股票的价格和市场的价格波动性是一致的，那么这只股票的贝塔系数就是1。如果一只股票的贝塔系数是1.5，就意味着当市场价格上升10%时，该股票价格上升15%；而市场价格下降10%时，股票的价格亦会下降15%。这一点对于基金经理来说尤其重要，因为在市场价格下降的时候，他们可以投资于贝塔系数较低的股票。而当市场价格上升的时候，他们则可投资贝塔系数大于1的股票。

根据贝塔系数，投资者也可以判断对于某项资产或投资，自己需要的预期收益。例如，假设无风险利率为5%，市场投资的期望收益为8%，如果一项资产或投资的 $\beta = 0$，那么它的预期收益等于无风险利率5%（资产的风险被完全分散），而若 $\beta = 0.5$，则预期收益为 $0.05 + 0.5 \times (0.08 - 0.05) = 0.065$，即 6.5%，如果 $\beta = 2$，则可以算出预期收益为 11%。

通过贝塔系数，我们还能知道当前股票的价格是否与其回报相吻合。若股票的市场交易价格低于由贝塔系数计算的价格，投机性买进将有利润，市场上的超额需求将持续存在直到股价上升至均衡价位；反之，若股票的交易价格高于均衡价格，投机者将卖出直到股价下跌至均衡水准。

贝塔系数不仅对于投资者有重要意义，对于每个关注股票价格和创造股东价值的公司经理而言，也非常重要。例如，许多美国公司采用预设回报率来评估一项投资是否有助于创造股东价值，这个回报率以公司所认为的投资者会要求的回报率为基础，也就是建立在公司为其设定的贝塔系数的基础上。如果公司误解了投资者的要求，就有可能设定错误的预设回报率，如果目标定得太高（高估了投资者的预期），就有可能放弃有价值的投资，如果设定太低，则会承担回报率过低的投资，无论哪种情况对公司都没有好处，从而使其股票在风险调整后的收益率上缺乏吸引力。当然，通过一系列方法，例如风险调整资本回报率（RAROC）等，企业可以更准确地评估特定业务或部门的贝塔系数，从而有助于准确决策。

只要知道股票的贝塔值，投资者就可以方便地为证券定价。但事实上，CAPM 中的贝塔系数并不容易确定。常见的是通过统计分析同一时期市场每天的收益情况及单只股票每天的价格收益来计算出的。1972 年，诺贝尔经济学奖得主费歇尔·布莱克（Fischer Black）、迈伦·斯科尔斯（Myron Scholes）等在他们发表的论文《资本资产定价模型：实例研究》中，通过研究 1931—1965 年纽约证券交易所股票价格的变动，证实了股票投资组合的收益率和它们的 Beta 间存在着线性关系。他们画出的股票收益率和相应贝塔值的关系，大致位于一条线（SML）上（见图 1 - 11）。

尽管可以用历史数据估计贝塔值，但是这样做并不是万能的。某些证券由于缺乏历史数据，贝塔值不易估计；此外，由于经济的不断发展变化，各种证券的贝塔值也会产生相应的变化。关于贝塔值历史估计的结果也存在争议，当法玛（Eugene Fama）和肯尼斯·弗兰奇（Kenneth French）研

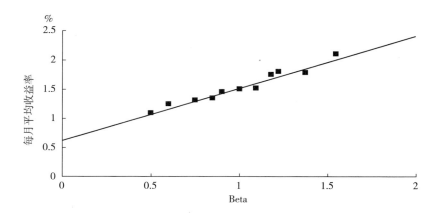

图 1 – 11　月平均收益率和 Beta 值的关系（1931—1965 年）

（资料来源：BLACK, JENSEN and SCHOLES. The Capital Asset Pricing Model：

Some Empirical Tests ［M］. Social Ence Electronic Publishing, 1972）

究 1963—1990 年纽约证券交易所、美国证券交易所，以及纳斯达克市场
（NASDAQ）里的股票回报时发现：在这长时期里贝塔值并不能充分解释股
票的表现。单只股票的贝塔值和回报率之间的线性关系在短时间内也不存
在。他们的发现似乎表明了 CAPM 并不能有效地运用于现实的股票市场内
（见图 1 – 12）。

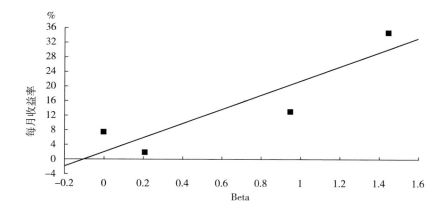

图 1 – 12　月平均收益率和 Beta 值的关系（1963—1990 年）

（资料来源：JAGANNATHAN and MCGRATTAN. The CAPM Debate ［J］. Quarterly Review, 1995）

因此，依靠历史数据估算出的贝塔值对未来的指导作用也要大打折扣。

虽然用贝塔值预测单只股票的变动是困难的，但是投资者仍然相信贝塔值比较大的股票组合会比市场价格波动性大，不论市场价格是上升还是下降；而贝塔值较小的股票组合的变化则会比市场价格的波动小。

（三）CAPM 的评价与拓展

CAPM 最大的优点在于简单、明确。它把任何一种风险证券的价格都划分为三个因素：无风险收益率、风险的价格和风险的计算单位，并把这三个因素有机地结合在一起。它的另一个优点在于它的实用性。它使投资者可以根据绝对风险而不是总风险来对各种竞争报价的金融资产作出评价和选择。这种方法已经被金融市场上的投资者广为采纳，用来解决投资决策中的一般性问题。

但是，CAPM 也面临着争议与讨论。与马科维茨的模型一样，它的假设前提是难以实现的。CAPM 假设市场处于完善的竞争状态。但是，实际操作中完全竞争的市场是很难实现的，做市时有发生。模型假设投资者的投资期限相同且不考虑投资计划期之后的情况。但是，市场上的投资者数目众多，他们的资产持有期间不可能完全相同，而且现在进行长期投资的投资者越来越多，所以这一点恐怕不现实。另一个假设是投资者可以不受限制地以固定的无风险利率借贷，这一点也是很难办到的。除此之外，还有市场无摩擦、理性人假设等，显然，它们也只是一种理想状态。

CAPM 也仅仅研究了一种因素或风险（市场风险）对收益率的影响，而事实上股票价格和收益率还会对别的因素作出反应。在此基础上许多研究对 CAPM 进行拓展，提出了新的资产定价理论，在这些多因素的模型中，风险因素有很多个，如未来预期收入、物价等，它们彼此都有一个贝塔（风险）系数，衡量的是股票收益率对这些风险因素的反应程度。通过增加模型涉及的风险因素，这些资产定价模型都有各自的意义与应用价值。

总体来说，有很多研究对 CAPM 的正确性提出了质疑，但是这个模型在投资界仍然被广泛利用。近几十年，作为资本市场均衡理论模型关注的焦点，CAPM 的形式已经远远超越了夏普、林特纳和莫辛提出的传统形式，有了很大的发展，如套利定价模型、跨时资本资产定价模型、消费资本资产定价模型等，目前已经形成了一个较为系统的资本市场均衡理论体系。

三、附录

（一） 有效前沿的简要推导步骤

为了得到有效前沿，需要计算在多种资产的情况下，组合的期望收益和标准差，根据有效前沿的定义，需要在一定的期望收益下求最小标准差，或者相反。假设现有 n 种资产，每种资产的期望收益为 μ_i，互相间的协方差为 $\mathrm{Cov}\,(i, j)$ 且 $\mathrm{Cov}\,(i, i) = \sigma_2$，在各种资产上的投资份额分别为 w_i，则组合的期望收益为

$$\mu = \sum_{i=1}^{n} w_i \mu_i \tag{1-6}$$

标准差为

$$\sigma = \sqrt{\sum_{i=1}^{n} \sum_{j=1}^{n} w_i w_j \mathrm{Cov}(i,j)} \tag{1-7}$$

根据有效前沿的含义，它在给定期望收益时是标准差或方差最小的，因此只要对于给定的目标期望收益 μ 及权重等式 $\sum_{i=1}^{n} w_i = 1$，求出 $\min(\sigma)$ 或者 $\min(\sigma^2)$ 即可。具体过程涉及二次规划（可以用拉格朗日乘子法求解），我们不在这里详细讨论。将求出的期望收益和标准差描点连线，就可以得到有效前沿，得到的有效前沿 $\mu-\sigma$ 仍然是双曲线。

（二） 投资组合分散化的数学推导

为了说明分散化的重要性，考虑"在每个篮子里放等量的鸡蛋"这一最简单的情形，也就是组合中每一种资产都是相等权重的，下面我们来计算这样分散化的组合的方差也就是风险。由于 $\sigma^2 = \sum_{i=1}^{n} \sum_{j=1}^{n} w_i w_j \mathrm{Cov}(i,j)$，

将 $w_i = \dfrac{1}{n}$ 代入，可以写作：$\sigma^2 = \dfrac{1}{n} \displaystyle\sum_{i=1}^{n} \dfrac{\sigma_i^2}{n} + \displaystyle\sum_{i=1}^{n} \displaystyle\sum_{\substack{j=1 \\ j \neq i}}^{n} \dfrac{\mathrm{Cov}(i,j)}{n^2}$。

将所有资产的平均方差记为 $\overline{\sigma^2} = \displaystyle\sum_{i=1}^{n} \dfrac{\sigma_i^2}{n}$，平均协方差记为 $\overline{\mathrm{Cov}} = \displaystyle\sum_{i=1}^{n} \displaystyle\sum_{\substack{j=1 \\ j \neq i}}^{n} \dfrac{\mathrm{Cov}(i,j)}{n(n-1)}$，则资产组合的方差为

$$\sigma^2 = \frac{1}{n}\overline{\sigma^2} + \frac{n-1}{n}\overline{\mathrm{Cov}} \qquad (1-8)$$

由于所有资产的平均方差是一个有限数值，当 n 逐渐变大时，平均方差一项会最终趋向于 0，这表明当投资组合分散化之后，资产自身的方差（资产自身特有的风险）得到了对冲和消除。剩下的平均协方差项目，代表了资产的系统性风险，即所有资产共有的风险，将投资组合分散化无法消除这部分风险，但是当资产间的收益相关性不高时，分散化具有相当好的效果。

（三）CAPM 的简要数学推导

如果有单只证券的风险溢价高于或低于市场组合的风险溢价，投资者的买入卖出行为将会调整证券的价格，使它落回 CML 直线，得到和市场组合相同的风险溢价。这也就是说对于个别证券，其高于 R_F 的期望收益和方差之间的比率等于市场组合的相应比率。

个别证券高于 R_F 的期望收益表示为 $E(R_i) - R_F$，在非系统性风险充分分散的情况下，它的方差可以看作与市场组合的协方差 $\mathrm{Cov}(R_i, R_M)$，表示它的方差对整个市场组合方差的贡献。两个比率相等，我们得到

$$\frac{E(R_i) - R_F}{\mathrm{Cov}(R_i, R_M)} = \frac{E(R_M) - R_F}{\sigma_M^2} \qquad (1-9)$$

为了考察单只股票的风险溢价情况，将式（1-9）变形可以得到

$$E(R_i) - R_F = \frac{\mathrm{Cov}(R_i, R_M)}{\sigma_M^2}\big[E(R_M) - R_F\big] \qquad (1-10)$$

比率 $\dfrac{\mathrm{Cov}(R_i,R_M)}{\sigma_M^2}$ 衡量了这只股票对市场组合方差的贡献程度，是市场组合方差的组成部分。一般把这个比率记为 β_i，称为贝塔系数，于是上式写作

$$E(R_i) - R_F = \beta_i \left[E(R_M) - R_F \right] \qquad (1-11)$$

这样就完成了 CAPM 的推导。

第二章 利率风险

一、固定收益证券及其风险

（一）固定收益证券简介

固定收益证券主要指能够提供固定现金流，或可预期现金流（明确知道现金流量的算法及时间）的一类金融产品。固定收益证券持有人将按规定数额取得收益，因此也被称为债务证券。目前，固定收益证券市场已经发展为全球化市场，但绝大多数固定收益证券发源于传统发达国家，如美国、日本及欧洲国家。我国的固定收益产品市场经历迅猛发展，图2-1给出了美国与中国的债券发行量占一国 GDP 总量的百分比。从图2-1可以看出，美国的债券总量占其 GDP 总量的200%以上，并长期稳定不变，我国的债券发行量在2008年时占 GDP 的30%左右，而到2007年时已经超过了90%。①

不同的产品结构和属性决定了不同固定收益产品的风险和收益。美国市场的固定收益产品大致可以分为抵押贷款、公司债券和外国债券、联邦政府债券、机构和政府资助企业支持债券、市政债券和其他品种。我国市场上目前的固定收益产品可以分为四类：信用风险可以忽略的债券，包括

---

① 该数据和图2-1来自由 Amstad、孙国峰和熊伟共同编写的 *The Handbook on China's Financial System*。

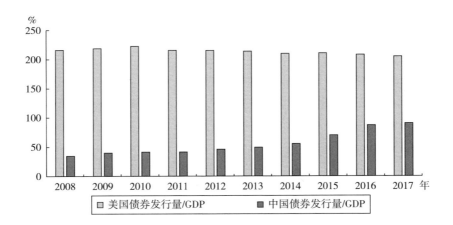

图 2 - 1　美国与中国的债券发行量占 GDP 的比重

国债、中央银行票据、金融债和有担保企业债；无担保企业债，包括短期融资券和普通无担保企业债；混合融资证券，包括可转换债券和分离型可转换债券；其他结构化产品，包括信贷证券化、专项资产管理计划和不良贷款证券化。

　　无论是中国市场还是美国市场，债券都是固定收益证券最重要的组成之一。债券可以理解为债务证券，是政府、金融机构、工商企业等直接向社会借债筹措资金时，向投资者发行，并约定将来还本付息的债务凭证。这些约定写在纸上就是一种债券凭证，而再将其标准化，也就得到了债券这种产品。债券一般在货币市场交易（不同于股票的资本市场），在我国则主要通过银行间交易市场交易。近年来，在交易所交易的公司债的规模也在逐渐增加。

（二）固定收益证券特征

固定收益债券通常具有以下特征。

1. 本金与票面利息

对于债券而言，本金一般是票面价格，而利息则为票面利息（coupon）。一般来讲，有票面利息的债券叫付息债券，而没有票面利息的叫零息债券（zero – coupon bond），一般只在到期时偿付票面本金。债券的本金/票面价值（principal/face/par value）一般不等同于市场价值。债券的市场价值（交易价格）的计算另有一系列模型。

2. 期限

期限（maturity）是指借款人承诺履行债务条款的时间（通常是年数）。在债券到期时，借款人通过偿付面值金额赎回债券，终止债务。根据债券的期限，可以将债券划分为短期债券、中期债券、长期债券。短期债券的期限一般在 1 年以内，对应短期筹集资金的需求；中长期债券期限为 1 年以上；长期债券期限则长达 20～30 年甚至更长。例如，美国田纳西河流域开发管理局发行的债券，利率为 8.25%，到期日是 2042 年。另外，还有永久公债，这类债券没有到期日，而是按照一定周期永续支付票面利息。英国的统一公债、法国的年金公债、德国的国债等都是永久性公债。

3. 发行主体

债券的发行主体可以是国家、地方政府、公司、企业等。由于发行者的资信水平、偿付能力、违约可能性不同，不同主体发行的债券会有不同的信用风险。当然，主权国家的信用通常被认为是最高的，所以国债的信用风险最低，而公司债券往往信用风险较高。

债券发行主体的信用违约风险通常会与债券发行的利率挂钩。以公司债为例，公司由于融资需求而发债券借款，其信用风险高于国债。假设国债利率为 3%，资信情况好、信用评级为 AAA 级的大型企业发行的债券利率为 4%～6%，而 AA 级以下评级的企业则需要将利率提高到 7%。高出国债利率的部分，可以看作投资者因为承担了债券违约导致损失的风险而向发行者要求的风险补偿，也称为风险溢价。信用评级越低的发行主体，往往被认为信用风险越高，需要额外提供更高的风险补偿。

4. 其他条款

债券发行者可以规定其他条款，使自己的融资需求易于满足并吸引投资者。这些条款会影响债券的期限和价格，导致债券的性质发生改变。常见的债券如下：

可转债（convertible bonds）。此类债券的投资者享有选择权，可以按照约定的价格将债券转换为公司股票，变成公司的股东，参与企业的经营决策和红利分配。

可赎回债券（callable bonds）。发行者享有在特定时刻按照约定好的价格强行将债券赎回的权利。此类债券可以看成债券 + 认购期权。[①] 在市场利率跌至比可赎回债券票面利率低得多时，债务人如果认为将债券赎回并且按照较低的利率重新发债比按现有票面利率继续付息合算，就会将其赎回。可赎回条款通常在债券发行几年之后才开始生效。上面提到的田纳西河流域开发管理局长期债券，就附有 2012 年 4 月 5 日提前赎回的条款。

可回售债券（puttable bonds）。这是投资者有权利以事先规定的价格将债券提前回售给发行人的债券，类比可赎回债券，可以理解为债券 + 看跌期权。在存在回售条款的情况下，投资者有权根据设定的价格出售债券，这将限制投资者因为利率上升而遭受的损失。

浮动利率债券（floating - rate bonds）。这种债券的票面利率与市场利率挂钩，通常在某市场基准现时利率的基础上加一定利差。例如，某 3 年期债券票面利率为 3 个月美元伦敦银行同业拆息 + 7 个基点，且当时基准利率为 1.11%，则第一个季度按照 1.18%（1.11% + 0.07%）计息。3 个月后若基准利率上升至 1.32%，则第二个季度按照 1.39% 计息，依此类推。浮息债券比起固定利息债券更加灵活。中国一般采用银行 1 年期定存和上海 Shibor 利率作为基准利率。

（三）固定收益证券的风险

在一个固定收益产品的周期里，投资者可以获得两部分收益：出售证券得到的最终市场价值，以及持有期间收到的现金流，包括将其再投资得到的收益。有许多因素会影响投资者获得的这两部分收益，可以通过这些市场因素对收益的影响界定固定收益产品的风险。

---

① 我们在下一章详细介绍认购期权。

1. 信用风险

信用风险（credit risk）或违约风险（default risk），是指固定收益证券的发行人可能违约的风险（也就是发行人不能及时偿还证券本金和利息）。信用风险普遍存在于大部分债券产品中，仅有政府债券极少违约，一般认为无信用风险。

由于大部分债券有违约的可能，信用风险使它们只能以比国债低的价格或更高的收益率出售，这可以看作给投资者承担风险提供的补偿。信用风险的产生与发行公司实际违约事件并没有必然联系，只要衡量信用风险的因素发生任何一个微小变化或市场风险溢价发生变化，信用风险就会改变，从而影响投资成本与债券价格。这使信用风险的衡量变得复杂，投资者往往借助于专业评级公司打出的信用评级来考量债券的信用风险与估值。

信用风险通过专业评级公司，如穆迪投资者服务公司、标准普尔公司和惠誉评级公司（Fitch）对证券质量的评级来衡量，这些评级公司享誉海外，拥有很高的国际声誉。我国的信用评级体系也在逐渐完善，目前具有影响力的评级机构包括中诚信国际信用评级有限责任公司（以下简称中诚信）、联合信用评级有限公司（以下简称联合）、上海新世纪资信评估投资服务有限公司（以下简称上海新世纪）等。其中，中诚信是全国第一家信用评级机构，于1992年成立，2006年与美国的穆迪投资者服务公司签订协议注册成为中外合资评级机构；联合是目前中国唯一一家国有控股的信用评级机构；上海新世纪也是成立较早、具有较好声誉的信用评级机构。此外，还有大公国际资信评估有限公司、中债资信评估有限责任公司、中证鹏元资信评估股份有限公司、远东资信评估有限公司、东方金诚国际信用评估有限公司等信用评级机构。

一般来说，可以根据信用风险评级将债券粗略分为两大类：一类是投资级债券，指评级在BBB级及以上的债券；另一类是投机级债券，指具有高收益率，但也有很高的信用风险，也叫作垃圾债券（junk bond）。

具有信用风险是固定收益产品一个重要的特征。投资者对高信用风险的产品往往要求更高的风险补偿，而信用很差的垃圾债往往提供很高的收益率。并不是只有投资级的债券才值得投资，高收益率支撑了垃圾债券的交易的繁荣。

本章我们不详细讨论信用风险，而是重点讨论来自利率的风险。关于信用风险的内容，我们会在公司债部分详细讨论。

2. 利率风险

利率风险可以理解为利率变动使固定收益证券价格变动的风险。典型固定收益证券价格与利率反向变动：当利率上升（下降）时，固定收益证券的价格将下降（上升）。对于打算持有固定收益证券到期的投资者来说，不用关心到期之前证券的价格变化。然而，对于到期日之前可能不得不出售固定收益证券的投资者来说，利率上升意味着资本利得的损失。这种风险就被称为市场风险（market risk）或利率风险（interest－rate risk），这是迄今为止投资者在固定收益证券市场面对的最主要的风险。

为了控制利率风险，有必要对其进行量化分析。衡量利率风险最普遍使用的标准是久期（duration）。久期是收益率变化 100 个基点时，债券或债券组合价格变化的近似百分比。久期作为利率风险的度量模式，是本章要重点关注的内容，关于久期的具体内容和计量方法将在之后的小节阐释。

3. 其他风险

不同学者和研究机构对其他各类风险的界定有所不同，大致包括提前赎回风险（发行人购回债券使投资者遭受损失）、收益率曲线风险（某个特定到期日的债券被用来替换另一个到期日的债券，收益率变动与原始条件偏离）、通货膨胀风险（通货膨胀下现金流购买力降低的风险）、流动性风险（因流动性紧张，必须以低价出售债券从而遭受损失）、汇率风险等。

二、利率、收益率与债券估值

（一）通过现值计算债券估值

对于事先确定现金流，即固定息票率的债券而言，可以通过将未来可预期的现金流进行折现或贴现得到现值来进行估值。

假设现有一只面值为 100 元的 10 年期零息债，不考虑这只债券的信用风险等，只存在市场风险。对于 10 年后收到的 100 元终值（future value，FV），需要折现计算现值（present value，PV）。假设折现率为 6%，则债券的现值为

$$PV = \frac{100}{(1 + 0.06)^{10}} = 55.84(\text{元})$$

现值可以理解为：所有未来现金流折算到现在这个时间点上约合多少。如果投资者当前持有 55.84 元现金，并且能够按 6% 的年利率连续进行再投资，则 10 年后投资者将拥有 100 元，与这只零息债生成的未来现金流一致。如果按照市场利率再投资得到的收益与债券现金流不一致，就会发生套利行为，投资者可以卖空被高估的一方，买进被低估的一方来获利，这种偏差会被市场快速弥补，使债券估值趋于折现得到的现值。通过计算现值，债券的未来现金流折算到当期，这是债券定价的一个基本模型。

对于零息债，在未来 T 时刻收到一笔现金流 C_T，债券按照年利率 r 来折现，则债券的现值为

$$PV = \frac{C_T}{(1 + r)^T} \qquad\qquad (2 - 1)$$

式（2 - 1）中的 r 也被称为折现因子（discounting factor）或折现率。在这里可以将投资者预期的收益率或市场利率当作折现因子。

以上是零息债的情况。对于支付多次利息的债券，同样可以将每笔未来的现金流折算为当前的现值。设计息期长为 T，在每个计息期收到的票息为 C，期满收回本金 P，每一期的折现因子为 r_t，则债券的现值为

$$PV = \sum_{t=1}^{T} \frac{C}{(1 + r_t)^t} + \frac{P}{(1 + r_T)^T} \qquad\qquad (2 - 2)$$

可以将每一期的折现率都统一来简化现值的计算。假设一个统一的折现率为 y，则式（2 - 2）也可以表示为

$$PV = \sum_{t=1}^{T} \frac{C}{(1 + y)^t} + \frac{P}{(1 + y)^T} \qquad\qquad (2 - 3)$$

式（2-2）和式（2-3）都可以为债券定价，区别在于式（2-2）用即期利率进行定价，每一期的利率都不相同，而式（2-3）里每一期的折现率都相同。这个统一的折现率被称为到期收益率。

在现值计算公式里我们可以发现，如果债券每期的息票率 $c\left(c = \dfrac{C}{P}\right)$ 等于每期的折现率 y，那么债券的现值就等于它的面值 P，这就是平价债券。假设一只 10 年期债券面值为 100 元，息票率为 5%，用于折现的折现因子也是 5%，那么它的现值就等于面值 100 元。

$$PV = \sum_{t=1}^{10} \frac{5}{(1+0.05)^t} + \frac{100}{(1+0.05)^{10}}$$

$$= \frac{5 \times \sum_{t=0}^{9} (1+0.05)^t + 100}{(1+0.05)^{10}}$$

$$= 100(元)$$

如果息票率大于折现率，那么债券的估值就高于票面，这被称为溢价发行，这时的债券称为溢价债券（premium bond）；反之，如果息票率小于折现率，就是折价发行，相应的债券称为折价债券（discount bond）。

（二） 收益率与期限结构

由式（2-2）我们可以得到到期收益率（Yield to Maturity，YTM）的概念。到期收益率是使债券支付（利息与本金）的现值等于其市场价格的贴现率，也就是式中的 y。它衡量的是，给定当前价格时，债券在其存续期内的年平均收益率。

YTM 和价格提供相同的信息，也就是说，如果我们知道 YTM，则我们可以计算市场价格，反之如果我们知道市场价格，但不知道 YTM，那我们可以从之前的公式逆推出来（利用财务计算器或者 Excel 函数）。对于折现率随时间变化的情况，到期收益率可以看作债券的平均收益率，也就是满足式（2-4）中的 y 值：

$$\sum_{t=1}^{T} \frac{C}{(1+r_t)^t} + \frac{P}{(1+r_T)^T} = \sum_{t=1}^{T} \frac{C}{(1+y)^t} + \frac{P}{(1+y)^T} \qquad (2-4)$$

例如，对于一只 3 年期债券，面值为 100 元，每年付利息为 4 元。在未来 3 年里每年的利率分别为 3%、3.75%、4.25%，则可以计算得出债券价格为 99.39 元，到期收益率为 $y = 4.22\%$。

到期收益率是使未来现金流等于债券价格的单一利率，只有当每一个到期日的利率都等于 r 时，到期收益率才等于利率 r，而实际上这些未来时点的利率并不能预知，且总是变动的，这些未来时点的利率被称为远期利率（forward rate），是风险管理者与投资者衡量利率风险的参照。

远期利率的计算需要借助利率期限结构（term structure of interest rates），它描述的是即期利率在整个期限（terms to maturity）内的变化，通常表示成利率—期限的图线。当前的利率称为即期利率（spot rate），在公式中用于某一时间点现金流的贴现，对于零息债券而言，YTM 就是在获得现金流那一时间点的即期利率。

将 YTM 在所有期限范围内的变化表示在一张图上，就形成了收益率曲线（yield curve）。图 2 - 2 展示了三种状态的收益率曲线。

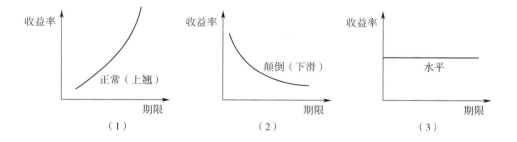

图 2 - 2　三种状态的收益率曲线

正常情况下收益率曲线应该是上翘的，因为期限越长收益率会越高，以反映投资风险随期限拉长而升高的情形。就这种收益率曲线而言，若长期收益率的升幅大于短期收益率，收益率曲线会变陡。颠倒的收益率曲线则是从左向右下滑，反映短期收益率高于长期收益率的异常情况。这可能是因为投资者预期通货膨胀率长期看要下降，或是债券的供给将大幅减少，这两种预期都会压低收益率。通常，债券市场的定价以国债收益率为基准，国债在市场上自由交易时，不同期限对应不同收益率行程的收益率曲线，就是债券市场的基准利率曲线，它通常是其他债券和各种金融资产定价的重要参考。

在收益率曲线上可以得到远期利率的值，记 r_t 和 r_{t-1} 分别是曲线上第 t 和第 $t-1$ 时刻的利率水平，f_{0,t_1,t_2} 表示在 0 时刻所要求的 t_1 至 t_2 的利率，则 $f_{0,t-1,t}$ 就是远期利率，公式如下：

$$f_{0,t-1,t} = \frac{(1+r_t)^t}{(1+r_{t-1})^{t-1}} - 1 \qquad (2-5)$$

通过远期利率计算公式，可以估计债券未来的利率水平。例如，可以通过 1 年期和 2 年期的政府债券到期收益率，来估计 1 年后的 1 年期政府债券远期利率。如果 1 年期和 2 年期政府债券的到期收益率分别为 2% 和 2.5%，根据以上公式，第 1 年年末到第 2 年年末的预期未来利率为

$$f_{0,1,2} = \frac{(1+0.025)^2}{1+0.02} - 1 \doteq 0.03$$

远期利率公式可以通过多种方法证明。考虑以下两种投资策略（见图 2-3）。

策略 1：投资 1 元，从 0 到 t 时刻，最终收到 $(1+r_t)^t$

策略 2：投资 1 元，从 0 到 $t-1$ 时刻，收到 $(1+r_{t-1})^{t-1}$，再加上一个 $t-1$ 到 t 的远期合约。

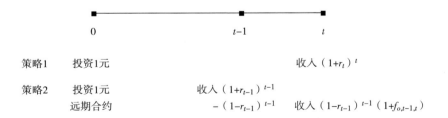

图 2-3 远期利率定价示例

如果远期合约的利率不等于 $\dfrac{\left(1+r_t\right)^t}{\left(1+r_{t-1}\right)^{t-1}}-1$，则两种投资策略的回报不相等，投资者便可以在当期套利（投资均为 1 元而未来回报不相等）。反之，将收到的 $\left(1+r_{t-1}\right)^{t-1}$ 以合约锁定的利率再投资，便得到 $\left(1+r_t\right)^t$。

（三）复利下的债券估值

以上涉及期收益率和现值的计算都是每年计一次利息。注意到估值公式的分母都具有 $\left(1+r\right)^n$ 的形式，但在实际应用中每年可以存在多次计息，如美国的半年复利惯例。这就涉及复利下的债券估值，需要将折现式的分母变为 $\left(1+\dfrac{r}{m}\right)^{nm}$。其中，$m$ 表示每年复利的次数。

例如，假设有一笔 100 万元的投资，年回报率为 2.5%，投资一年，在不复利时期末收回本息为 102.5 万元，此时获取的是单利；若半年复利一次，则收回本息为 $100\times\left(1+\dfrac{0.025}{2}\right)^2=102.516$（万元）。

相当于每半年获取 1.25% 的利息收入，连本带息再投资半年，两期合计收到的本息。

当复利次数趋于无穷时，就得到连续复利，相当于本金连续不断再投资，形成指数增长。数学上有：$\lim\limits_{m\to\infty}\left(1+\dfrac{r}{m}\right)^{nm}=\mathrm{e}^{rn}$ [①]。

当用连续复利为债券进行估值时，将 r 替换为 y，将每一期现金流 C_t 按照 e^{-yt} 来折现，可以得到债券价格：

$$P=\sum_{t=1}^{T}C_t\mathrm{e}^{-yt} \qquad (2-6)$$

[①] 公式的推导需要应用到微积分的知识，这里只当作一个结论就可以了。

三、久期、凸性与利率风险对冲

前面我们知道了如何根据利率水平或到期收益率计算债券未来现金流的现值，从而为债券估值，但是这个估值公式无法直观得出利率变动会如何影响债券价格，为此我们需要一个衡量利率风险的指标。

（一）久期的含义与计算

通常对于零息债券而言，期限越长，则其对于利率越敏感。这很容易理解，因为期限越长，现金流折现就越多，利率变动导致现值损失就越明显。因此，可以用债券的期限来衡量其价格的敏感性。其实在很早时期，华尔街上就有一些金融从业者使用期限来衡量零息债券对利率变化的敏感程度，而期限这个概念在利率风险管理中被广泛采用。

对于零息债而言，很容易得知它的期限，然而对于多期支付票息的债券，由于现金流分为多笔，这时期限的计算就不那么容易了。通常采用久期来度量债券价格对利率的敏感性。因为多期附息债券在每个时间点都有现金流发生，因此其利率变化对每一期的现金流折现都有影响。因此，从业者构造出一种加权平均期限，又叫麦考利久期（Macaulay duration），由麦考利（Macaulay）于20世纪30年代提出，在当时就已经被华尔街采用。麦考利久期是对每次现金流到期时间的加权平均，权重就是每一期的现金流折现除以本金。

假设付息时间间隔相等，公式可以写作：

$$D_{mac} = \sum_{t=1}^{n} \frac{1}{P} \frac{C_t}{(1+y)^t} t \qquad (2-7)$$

如果应用前面的连续复利公式，我们可以得到久期计算式为

$$D = \sum_{i=1}^{n} t_i \left(\frac{C_i e^{-yt_i}}{P} \right) \qquad (2-8)$$

下面以连续复利为例检验麦考利久期的准确性。面值为100元，票面利率为10%的3年期债券，每半年付息一次，连续复利收益率为12%，对

每笔现金流进行计算，可以得到久期表 2 - 1。

表 2 - 1 　　　　　　　　　　麦考利久期计算示例

期限（年）	现金流（元）	现值（元）	权重	时间×权重
0.5	5	4.709	0.050	0.025
1	5	4.435	0.047	0.047
1.5	5	4.176	0.044	0.066
2	5	3.933	0.042	0.083
2.5	5	3.704	0.039	0.098
3	105	73.256	0.778	2.333
总计	130	94.213	1.000	2.653

计算得到的债券麦考利久期为 2.653 年，债券价格为 94.213 元。将两个数字代入久期的定义，得到 $\Delta P = -249.95\Delta y$。

当收益率上升 0.1% 时，根据定义式计算得到 $\Delta P = -0.250$，于是债券价格为 $94.213 - 0.250 = 93.963$（元）。如果重新计算上述表格累加现值，能得到同样的精确到三位小数的结果，这个数值和采用麦考利久期计算的变化相同。

计算麦考利久期的前提是连续复利，现在已经不太常用，如果将连续复利折现因子直接替换为有限复利的情况，麦考利久期就需要进行修正。如果 y 为一年复利一次的利率，需要将麦考利久期除以 $(1 + y)$，如果是一年复利 m 次，则需除以 $(1 + y/m)$，进行调整之后就得到了修正久期（modified duration），这是相较于麦考利久期更为精确的度量。[①]

$$D_{\text{mod}} = \frac{D_{\text{mac}}}{1 + y} \qquad (2 - 9)$$

根据修正久期，如果给出债券到期收益率的一个微小变化，我们就能找到债券价格的近似变化值。当 YTM 变化 1% 时，债券价格变化百分比为

$$dP = -PD_{\text{mod}}dy \qquad (2 - 10)$$

了解久期的含义后，可以计算常见债券产品的久期，得到其价格对利

---

① 麦考利久期和修正久期的关系通过微积分计算得到，具体过程放在附录中。

率的敏感性。零息债券的久期就等于其期限。设期限为 T，则有

$$D_{\mathrm{mac}} = \frac{TC_t}{P\left(1 + y\right)^T} = \frac{TC_t}{C_t} = T \qquad (2 - 11)$$

对于永续债券而言，虽然没有到期时间，不能通过麦考利久期来进行计算。但是通过一些简单微积分的计算，可以得到

$$D_{\mathrm{mod}} = \frac{1}{y} \qquad (2 - 12)$$

如果是增长率为 g 的永续年金，通过计算可以得到久期为

$$D_{\mathrm{mod}} = \frac{1}{y - g} \qquad (2 - 13)$$

（二）利用久期管理利率风险

得到资产的久期后，就可以用它对冲利率风险，这就是久期对冲（duration hedge），操作目标是使现有资产的总久期 $D = 0$。也就是说，我们想构造一个投资组合，而且完全规避掉该组合的利率风险。以下我们以两只债券为例。

考虑两只债券，当前价值分别为 P_1、P_2，久期分别为 D_1、D_2，两者的投资份额（权重）分别为 x_1、x_2。只考虑利率风险，当利率变动 Δy 时，两只债券的总价值变动可以拆解为两者分别变动的和：

$$\Delta P = \Delta y \left(D_1 P_1 x_1 + D_2 P_2 x_2 \right)$$

使用久期对冲，目的是使 $\Delta P = 0$，这要求

$$D_1 P_1 x_1 + D_2 P_2 x_2 = 0$$

那么两只债券的配比为

$$\frac{x_1}{x_2} = - \frac{D_2 P_2}{D_1 P_1}$$

将两只债券按照这个权重比配置，则利率在起始点附近微小变动引起的两者价格变动相互抵消，达到久期对冲的效果。

这是两种资产的久期对冲情况。假设有 n 种资产的投资组合，其中，

第 $i(i = 1,2,\cdots,n)$ 种资产的价格为 P_i，投资份额为 x_i，久期为 D_i，则整个资产组合也具有相应的久期，对于利率的单位变动，每个资产的价值改变都会带来整个组合价值变化：

$$\Delta P = \sum_{i=1}^{n} \Delta P_i = \sum_{i=1}^{n} x_i P_i D_i \Delta y = \Delta y \sum_{i=1}^{n} x_i P_i D_i \qquad (2-14)$$

设资产组合总价值为 $P = \sum_{i=1}^{n} x_i P_i$，则资产组合的久期为

$$D = \sum_{i=1}^{n} \frac{x_i P_i D_i}{P} \qquad (2-15)$$

据此，可以提出对整个资产组合的久期对冲策略，目标仍然是使总久期 $D = 0$。

以上久期对冲策略构成了资产负债管理的基础。资产负债管理需要确保持有合适的资产，使资产的变动和其负债的变动相一致。为此，可以通过配置使资产的久期等于负债的久期，当利率变动时，资产与负债的价值变动相抵消达到对冲的效果。

利用久期可以对冲利率风险。在利率变动较小时该策略往往有不错的效果，但当利率变动较大时，久期工具对资产价格估计的误差变大，影响对冲的效果。在久期之外，我们还需要一个指标来修正这个误差，由此引入了凸性。

（三）凸性

如图 2-4 所示，将债券价格和收益率画在一个坐标系里，收益率为横轴，债券价格为纵轴，则曲线上任意一点就描述了在该收益率水平下的债券价格。在这张图上，久期代表了其上任意一点切线的斜率，在收益率变化很小时，久期可以较好地近似反映债券价格的变动。

久期反映了债券价格的利率敏感性，隐含了价格与收益率之间的线性变动关系。实际上，两者之间往往呈现非线性关系，使收益率—债券价格线呈现弯曲状态。

以面值 1000 元、息票率和市场收益率均为 8% 的 6 年期债券为例。从

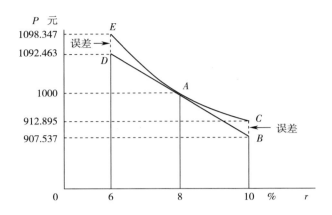

图 2 - 4　久期估计

前面债券估值的计算中可知，此时债券的价格就是面值 1000 元，处于 A 点
所示的位置。当收益率从 8% 上升至 10% 时，实际的债券价格可能会降至
912.895 元，久期线是曲线在 A 点处的切线，此切线与 10% 收益率的直线
交点对应的债券价格为 907.537 元，产生 5 元左右的计算误差。当利率变
动很小时（A 点附近），使用久期计算价格和真实水平差距不大，但是当利
率变动增大时，误差就逐渐明显。

　　此外，相同久期的两个产品，其价格对于利率变动的反应也未必一致，
如图 2 - 5 所示：

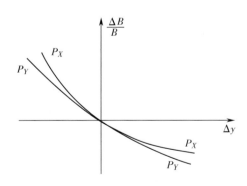

图 2 - 5　不同久期对比

图 2 - 5 描述的是 X、Y 两种产品的价格 P_X、P_Y 随收益率变动的情况。

在原点附近，两者斜率相等，表明久期相等。但是当 Δy 的绝对值增大时，两者呈现不同的变动情况。在纵轴右侧，Δy 相等时，$\Delta P_X < \Delta P_Y$；在纵轴左侧，Δy 相等时，$\Delta P_X > \Delta P_Y$。明显可以看出，相较于 Y 产品，在收益率增大时，X 产品在对抗利率风险上表现好，而在收益率减小时，X 产品在对抗利率风险上表现较差。但是仅仅依靠久期并不能将两者加以比较。

为了更准确地度量上述两图中的情况，我们引入凸性的概念。我们将凸性定义为

$$CX = \frac{\left[\sum_{t=1}^{n} \dfrac{t(t+1)C_t}{(1+y)^{t+2}}\right]}{P} \qquad (2-16)$$

有了凸性之后，我们可以将估计债券价格变化的式子变成

$$\frac{\Delta P}{P} \approx -D\frac{\Delta y}{1+y} + \frac{1}{2}CX(\Delta y)^2 \qquad (2-17)$$

我们可以用式（2 – 17）对债券价格变动进行估算。假设某只债券的久期 $D = 1.91$ 年，凸性 $CX = 4.44$，收益率为 6%，初始价格和面值为 100 元。若不考虑凸性效应，仅用久期估计债券价格变动，则计算得到

$$\Delta P = -\frac{1.91}{1+0.06} \times 100 \times 1\% = -1.80(元)$$

$$P_{用D估算} = 100 - 1.80 = 98.20(元)$$

如果考虑凸性效应，则有 $\Delta P = -1.78(元)$，$P_{用CX估算} = 100 - 1.78 = 98.22(元)$。可见，当考虑凸性时，所得到的估算结果比仅用久期略高。通常情形下，当到期收益率上升时，债券价格下降的幅度要小于仅用久期计算的结果，亦即实际价格大于久期预测结果，而在这里将凸性考虑进去，可以使价格变动的估计更为准确，更加接近真实情况。

凸性的意义还在于指出了债券价格变动对于 Δy 是不对称的。较大的凸性意味着当利率出现同等幅度的上升与下降时，利率上升造成的损失要小于利率下跌带来的收益。对于金融机构管理人员而言，资产具有凸性有益无害，而且凸性越大，就能为利率风险提供越大的保障。当两个产品的久期相等时（如图 2 – 5 中的 X、Y 两种资产），往往选择凸性更大的一种，

所以凸性也为选择投资资产提供了第二个参考维度。

四、风险管理中可能的误用：以资产负债管理为例

风险的度量指标可以让我们量化风险，并在现实中达到风险管理的目的。但是，在风险管理的实操中，如果不加思考地去使用风险度量指标，可能会出现不可预知的结果，也就是风险管理的误用。我们以资产负债管理为例，来探讨这种误用的可能。

2004 年，英国进行了养老改革。在该项改革中，其中一项改革要求养老基金通过适用于公司债券的利率贴现来随时将债务调整至市价。[①] 针对该项改革，养老基金的经理们不能无动于衷。事实上，他们需要进行资产负债管理，也就是确保养老基金持有合适的资产，使资产的变动和其负债的变动相一致。否则，如果出现资不抵债的情况，投资者会认为该养老基金出现了问题。

根据我们前面的讨论，资产负债管理的实质是做资产的久期对冲，其实就是让资产久期和负债久期相匹配。按要求，养老基金需要利用和永续年金相等的贴现率来计算市值，所以在购买资产时，需要考虑资产的久期如何来匹配负债的久期。为了简化分析，我们应用两个例子来进行说明。[②]

例 1：假设某一养老基金实施一个增长率为 g 的退休金计划，其现金流为

$$c,c(1+g),c(1+g)^2,\cdots$$

其中，g 代表预期通货膨胀率。为了管理资产负债，最好的方法是购买适量的资产来匹配负债。然而，这样的资产在现实生活中很难找到。养老基金不得不购买一些相似却无法完美复制债务流的资产。假设市场中有一只每期支付 1 的永续年金。它的价格为

---

① 根据 FRS17（Financial Report Standard）的规定。
② 例子参考 Shin（2010）。

$$P = \frac{1}{r}$$

由于养老基金处于监管内，因此它有足够的资金流来支持其承诺。为了举例，我们提出如下两个问题：

（1）寻找养老基金的最佳的资产负债管理。

（2）当永续年金的价格增长时，养老基金采取的最佳措施是什么？

答案：

（1）$P_A D_A x_A - P_D D_D x_D = 0$

$$\frac{1}{r} \cdot \frac{1}{r} \cdot x_A - \frac{c}{r-g} \cdot \frac{1}{r-g} = 0$$

$$x_A = c \left(\frac{r}{r-g} \right)^2$$

（2）$x_A = c \left(\dfrac{1}{1 - \dfrac{g}{r}} \right)^2$

$$x_A = c \left(\frac{1}{1 - g P_A} \right)^2$$

当永续年金价格上升时，投资者将会去购买，进而使资产价格上升，形成正反馈效应（feedback effect）。

例2：假设某一养老基金现有一个增长率为 π 的退休金计划，其现金流为

$$x, x(1+\pi), x(1+\pi)^2, \cdots$$

其中，π 代表通货膨胀率，$\pi = 3\%$。假设仅存在一个3年期的付息债券，现金流为5元、5元、105元，且收益率曲线是水平的且收益率等于5%。请问需要持有多少三年期的付息债券？需要多少规模的捐赠才能实现其目标，如果 x 为100万元？

答案：

根据现金流贴现，$P_A = 100$（元）。

$$P_A D_A x_A - P_D D_D x_D = 0$$

$$100 \times 2.72 \times x_A - \frac{1000000}{5\% - 3\%} = 0$$

$$x_A = 183824(元)$$

从以上例子我们可以看到，在进行资产负债管理时，养老基金的经理们对长期的债券有迫切的需求。如果他们大量购入长期债券，长期债券的价格就会上升，其到期收益率就会下降。图2-6给出了当时发生的情况。

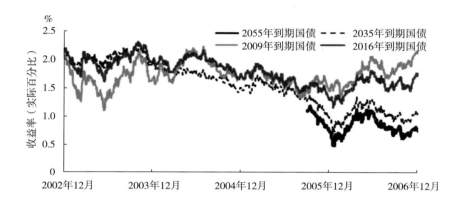

图2-6 2002年12月至2006年12月英国国债到期收益率

（资料来源：GREENWOOD，ROBIN and DIMITRI VAYANOS. Price Pressure in the Government Bond Market ［J］. American Economic Review：Papers and Proceedings 100，2009）

五、附录

（一）连续复利情况下的久期

久期衡量债券价格对于利率一个单位的变化的反应程度。假设到期收益率为 y，债券价格为 P，那么债券久期 D 的定义为

$$\frac{\Delta P}{P} = -D\Delta y$$

其中，Δ 表示相应变量一个很小的变化。或者使用微积分符号表示为

$$D = -\frac{1}{P}\frac{\mathrm{d}P}{\mathrm{d}y}$$

如果收益率为连续复利，设债券在 $t_1, t_2, \cdots, t_n$ 时刻给予投资者的现金流分别为 $C_1, C_2, \cdots, C_n$，则此时复利下的债券价格为

$$P = \sum_{i=1}^{n} C_i \mathrm{e}^{-yt_i}$$

将该式代入微分式，可以得到一个久期计算式

$$D = \sum_{i=1}^{n} t_i \frac{C_i \mathrm{e}^{-yt_i}}{P}$$

（二）麦考利久期和修正久期关系的证明

考虑付息 n 次，每次现金流为 C_t，到期收益率为 y 的情况。根据久期定义计算价格对到期收益率的敏感性，可以得到

$$\frac{\mathrm{d}P}{\mathrm{d}y} = \frac{\mathrm{d}\left(\sum_{t=1}^{n} \frac{C_t}{(1+y)^t} \right)}{\mathrm{d}y} = -\sum_{t=1}^{n} t \frac{C_t}{(1+y)^{t+1}} = -\frac{P}{1+y} \underbrace{\sum_{t=1}^{n} \frac{1}{P} \frac{C_t}{(1+y)^t} t}_{D_{\max}}$$

等式右侧一部分是麦考利久期，前面的 $\frac{1}{1+y}$ 用于修正久期的结果。

（三）凸性公式证明

久期描述了价格—收益率曲线的斜率（一阶导数），而凸性描述的是价格—收益率曲线凹凸变化的程度，也就是它的二阶导数。

对公式 $P = \sum_{t=1}^{n} \frac{C_t}{(1+y)^t}$ 求二阶导，可得

$$\frac{\mathrm{d}^2 P}{\mathrm{d}y^2} = \sum_{t=1}^{n} \frac{t(t+1)C_t}{(1+y)^{t+2}} = \frac{\sum_{t=1}^{n} \frac{t(t+1)C_t}{(1+y)^{t+2}}}{P} \times P$$

第三章　期权导论

一、期权

（一）期权合约

期权（options）给予购买者在未来一段时间内（指美式期权）或未来某一特定日期（指欧式期权）以事先规定好的价格（指履约价格）向卖方购买或出售一定数量的特定标的物的权利（right），但不负有必须买进或卖出的义务。期权有三个主要因素：时间、价格、权利。如果把最后一项权利去掉，我们将得到一个在将来某个时间以某个价格买入或卖出某种资产的产品，也就是我们熟知的期货。因此，期权和期货是密切相关的两种衍生产品，但期权更为复杂。

（二）期权相关定义

期权合约存在交易双方，也就是交易对手，即期权的购买者和卖出者。在合约中，购买者有一个多头头寸（long position），卖出者有一个空头头寸（short position）。在交易中，买方和卖方是交易对手（counter – parties），交易的价格为执行价格 X（exercise or strike price）。如果在到期日时期权的购买者执行其买卖的权利，我们叫作行权，否则叫作不行权。

根据期权的权利特征，期权有两种基本类型，即认购期权（call option）和认沽期权（put option）。认购期权的持有者有权在某一确定时间以某一确定的价格购买标的资产；认沽期权的持有者有权在某一确定时间以某一确定的价格出售标的资产。合约中的日期为到期日，根据期权是否可以在到期日前行权，期权可以是美式期权或欧式期权。欧式期权只能在到期日被执行；美式期权可以在到期日前任意一天被执行。期权费（option premium）指最初购买期权合约的费用，也就是期权的价格。在当代资产定价理论中非常重要的一个领域就是期权定价。

（三）期权的价值状态

期权可分为实值期权（in – the – money option）、平值期权（at – the – money option）及虚值期权（out – of – the – money option）。我们以基础资产为一只股票的欧式期权为例，对期权的价值状态进行描述。假设到期日为将来的某个时点 T，而把今天表示为某个时间 t。设 S 为股票在时间 t 时的价格，K 为执行价格。对于认购期权，当 $S > K$ 时为实值期权，当 $S = K$ 时为平值期权，而当 $S < K$ 时为虚值期权。对于认沽期权，当 $S < K$ 时为实值期权，当 $S = K$ 时为平值期权，而当 $S > K$ 时为虚值期权。换言之，如果期权在时间 t 时立即行权，实值期权会得到正的收益，平值期权得到 0 收益，而虚值期权得到负的收益。显然，只有在期权为实值期权时才会被行使。如果不考虑交易费用，若期权一直没有被提前行使的话，实值期权一般在到期日会被行使。

（四）期权的损益

从收益上来讲，认购期权的持有人希望股票价格上涨，而认沽期权的持有人则希望股票价格下跌。考虑一个购买了执行价格为 60 元的欧式认购期权，期权费为 5.5 元。因为期权为欧式，即这一期权只能在到期日股票价格高于 60 元时才会被行使。假定在到期日股票价格为 70 元，按照期权的约定，期权持有人可以以每股 60 元的价格买入股票，并立刻以 70 元卖出。因此投资者每股收益为 10 元。将最初的期权费用考虑在内，投资者的净收益为 4.5 美元。如果在到期日股票价格低于 60 元，期权持有者会放弃其权利，期权在到期日会一文不值，投资者会损失 5.5 元。

从收益上来讲，期权是一个零和游戏，任何一个期权都有两个方面。一方为期权的多头，即买入期权；另一方为期权的空头，即卖出期权。卖出期权的一方在最初收入期权费，但在今后有潜在的义务，承约方的收益与买入期权一方的收益刚好相反。因为是零和游戏，多头赚的每一分钱都是空头的损失，而空头的每一块钱的盈利也是多头的损失。为了更好地理解期权各方的损益情况，我们用以下几个例子来进行说明。图 3 − 1 至图 3 − 4 说明的是期权多头与空头的盈亏与最终股票价格之间的关系。

从交易各方来看，期权交易共有以下四种头寸形式。

1. 认购期权多头头寸

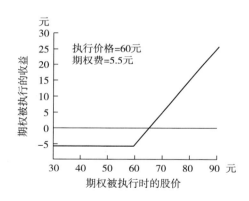

图 3 − 1　认购期权多头损益

图 3 − 1 是以我们前面提到的认购期权为例，给出了期权多头的损益图。从图 3 − 1 中可以看出，认购期权的多头在股价上升时有正的收益。当股价低于 60 元时，多头损失 5.5 元。因为此时多头放弃权利，因此其损益为购买期权的成本。当股价高于 60 元时，多头开始行权，开始时，其损失在降低，当股价等于 65.5 元时，多头收支平衡。当股价高于 65.5 元时，多头开始有正的收益，价格越高，收益越高。

2. 认购期权空头头寸

图 3 − 2 给出了认购期权空头的损益图。从图 3 − 2 中可以看出，认购期权的空头因为要承担一定的义务，而且多头所赚的钱都是空头的损失。

当股价低于60元时，因为此时多头放弃权利，空头盈利5.5元。当股价高于60元时，多头开始行权，此时空头的盈利降低，当股价等于65.5元时，空头也收支平衡。当股价高于65.5元时，空头开始损失，价格越高，损失越高。

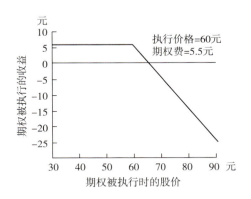

图 3 - 2　认购期权空头的损益

3. 认沽期权多头头寸

图 3 - 3 是认沽期权多头的损益图。此处我们假设一个执行价格为 60元的欧式认购期权，期权费为 2.5 元。从图 3 - 3 中可以看出，认沽期权的多头在股价下降时有正的收益。当股价高于60元时，多头损失2.5元。因为此时多头放弃权利，因此其损益为购买期权的成本。当股价低于60元时，多头开始行权，开始时，其损失在降低，当股价等于57.5元时，多头收支平衡。当股价低于57.5元时，多头开始有正的收益，价格越低，收益越高。认沽期权在风险管理中是十分有效的一种工具。因为认沽期权在价格下跌时有正的收益，是天然的规避风险管理的金融产品。有人说，买入认沽期权就好像买入一份保险，是非常有道理的。①

4. 认沽期权空头头寸

图 3 - 4 给出了认沽期权空头的损益图。从图 3 - 4 中可以看出，认购期权的空头因为要承担一定的义务，而且多头所赚的钱都是空头的损失。

---

① 在第四章，我们将介绍投资组合保险的风险管理策略，其本质就是复制一份认沽期权。

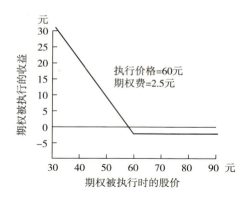

图3－3　认沽期权多头损益

当股价高于 60 元时，因为此时多头放弃权利，空头盈利 2.5 元。当股价低
于 60 元时，多头开始行权，此时空头的盈利降低，当股价等于 57.5 元时，
空头也收支平衡。当股价低于 57.5 元时，空头开始损失，价格越低，损失
越高。

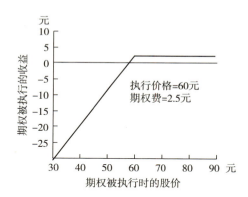

图3－4　认沽期权空头损益

如果我们用 K 来表示执行价格，用 S_T 表示标的资产（股票）在时间 T
的价格，认购期权费用为 c，而认沽期权价格为 p。此时我们有如下期权收
益的表达式：

欧式认购期权多头的收益为

$$\max(S_T - K, 0) - c$$

欧式认购期权空头的收益为

$$\min(K - S_T, 0) + c$$

欧式认沽期权多头的收益为

$$\max(K - S_T, 0) - p$$

欧式认沽期权空头的收益为

$$\min(S_T - K, 0) + p$$

二、选择权相关的证券

在我国，金融期权的发展相对较慢。目前，我国只有金融指数期权，还没有个股期权。[①] 虽然如此，期权也存在于其他的金融产品中，以下是我们举的几个例子。

1. 认股权证（warrants）

认股权证是由公司发行并且可通过发行新股来满足行使的一种期权。认股权证在产品上和认购期权几乎相同，但其标的资产，也就是股票，是由上市公司新发行的。因此，认股权证的执行会稀释现有股东的股权。一家公司可以发行关于自身股票的认购权证，并将认股权证附属在证券上，以便吸引投资者。

2. 可赎回债券（callable bonds）

可赎回债券是由公司发行并在一定条件下可以赎回的债券。可以认为可赎回债券价格里嵌入了卖出认购期权。

3. 可转换债券（convertible bonds）

可转换债券是由公司发行的并在将来以某预定的比例转换成股票的债券。可以认为可转换债券的价格里嵌入了买入看涨期权。

三、期权平价理论

期权的分析主要应用的是无套利原则（no arbitrage），即在市场上没有

---

① 金融指数期权的标的资产是指数，如50ETF的期权。

"免费的午餐"。无套利原则也叫一价定理（the law of one price）：在世界上的任何一个地方，如果有两只证券提供相同的现金流回报，那么这两只证券的定价应该是相同的。该定理是期权定价理论的基本原则。事实上，无套利原则不仅仅应用在期权定价上，即使我们不知道期权价格，我们也可以应用无套利原则对期权进行分析。其中一个重要的结论就是期权评价理论。

期权平价理论（put - call parity）描述了认购期权和认沽期权之间的价格关系，该关系可以通过一个交易策略推导出来：买入价格为 S_0 的 WYZ 普通股股票，以 P_0 买入认沽期权，以 C_0 卖出认购期权，认购期权和认沽期权都是关于股票 XYZ 在 T 时刻的期权，并且行权价格都为 X。我们用表 3 - 1 说明该策略的现金流回报。

表 3 - 1　　　　　　　　　　　　**期权平价理论**

初始投资	T 时刻 $S_T > X$	T 时刻 $S_T < X$
购买股票 S_0	S_T	S_T
买入认沽期权 P_0	0	$X - S_T$
卖出认购期权 C_0	$X - S_T$	0
$-C_0 + P_0 + S_0$	X	X

从表 3 - 1 我们可以看到，在初始时刻买入股票时，投资额为 S_0。在 T 时刻，不管股票价格 S_T 是多少，投资者始终持有一只股票，因此收益为 S_T。买入认沽期权，是期权多头，因此在 $S_T > X$ 时，收益为 0，在 $S_T < X$ 时，收益为 $X - S_T$。而卖出认购期权，是期权空头，因此在 $S_T > X$ 时，收益为 $X - S_T$，在 $S_T < X$ 时，收益为 0。我们可以看到，无论股票最终价格为多少，该投资策略的最终收益都是 X。因此，该策略的实质是复制了一个面值为 X 的零息债券。由于 X 是 T 时刻得到的终值，无风险贴现至 0 时刻的价值与初始投资相等，否则会产生套利机会，于是可以得到平价关系为

$$-C_0 + P_0 + S_0 = \frac{X}{(1+r)^T}, \text{即} \ C_0 - P_0 = S_0 - \frac{X}{(1+r)^T}$$

考虑股利支付的话，持有衍生工具的投资者并不能享受原本支付给持有标的资产持有者的股利，如果股利和支付日期是已知的，那么这些因素应该加入期权平价关系中去，即应该在 X 的基础上加上 T 时刻支付的股利。则有股利支付的期权平价关系为

$$C_0 = S_0 + P_0 - \frac{X + D_T}{(1 + r)^T} \qquad (3-1)$$

四、期权价值

期权价值分为内在价值与时间价值两部分。内在价值（intrinsic value）为 0 与期权立刻被行权的价值的最大值。一个认购期权内在价值为 max $(S-K, 0)$，而认沽期权的内在价值为 max $(K-S, 0)$。因为美式期权可以提前行权，所以一个实值美式期权的价值至少等于其内在价值，因为该期权持有者可以马上行使期权来实现其内在价值。通常一个实值美式期权的持有者最好的做法是等待而不是立即执行期权，这时期权被认为具有时间价值（time value）。时间价值也是期权费用超过该期权内在价值的部分。期权的整体价值等于内在价值与时间价值的和。我们以认购期权为例，其执行前价值图如图 3-5 所示。

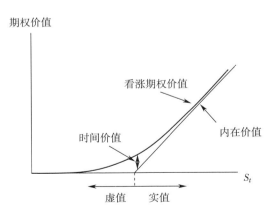

图 3-5　时间价值和内在价值

五、套利空间

在完全不知道认购期权的价格时，我们其实也可以根据无套利原则对认购期权进行分析，其结论也被称作套利空间。套利空间是认购期权的价格应该存在的一个空间，偏离这个空间就会存在套利。

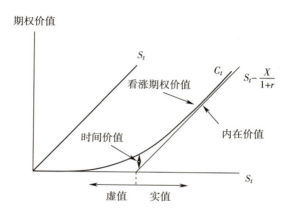

图 3-6　期权套利空间

从图 3-6，我们可以得到以下结论：1. $C_t < S_t$；2. $C_t > 0$；3. $C_t > S_t - \dfrac{X}{1+r}$。

套利空间的证明原理就是无套利原则。结论 1 的证明应用反证法，即证明当 $C_t > S_t$ 时，存在套利。假设 $C_t > S_t$，我们买入股票，卖出认购期权，策略现金流如表 3-2 所示。

表 3-2　　　　　　　　　　　期权套利空间证明一

当前时刻 t	T 时刻 $S_T > X$	T 时刻 $S_T < X$
买入股票： $-S_t$	S_T	S_T
卖出认购期权： C_t	$X - S_T$	0
t 时刻现金流 $C_t - S_t$	x	S_T

从表 3-2 可以看出，当我们买入股票和卖出认购期权时，不管在 T 时刻的股票价格是多少，该策略都会有正的收益（X 或 S_T）。而在当前时刻，

现金流为 $C_t - S_t$，因为我们假设 $C_t > S_t$，所以当前现金流也为正。因此，该策略在当前时刻和 T 时刻都能得到正的现金流，是套利，不应该存在。

结论 2 的证明相对简单，也采用反证法。我们假设 $C_t < 0$，则该策略意味着我买入一个认购期权，对方还要付给我钱。因为期权是一种权利，最差结果也就是放弃该权利，即得到 0 收益。因此，如果买入一个期权，卖家还会付钱的话，买入期权就成为了一个套利策略，所有的人都会执行该策略。因此，该套利策略不应该存在。

结论 3 的证明也采用反证法。价格 $C_t < S_t - \dfrac{X}{1+r}$，然后买入认购期权，卖空股票，买入一个面值为 $\dfrac{X}{1+r}$ 的零息债券。该策略的现金流如表 3 - 3 所示。

表 3 - 3　　　　　　　　期权套利空间证明二

当前时刻 t	T 时刻 $S_T > X$	T 时刻 $S_T < X$
买入认购期权：$-C_t$	$S_T - X$	0
卖空股票：S_t	$-S_T$	$-S_T$
买入零息债券 $\dfrac{X}{1+r}$：$-\dfrac{X}{1+r}$	X	X
$S_t - \dfrac{X}{1+r} - C_t$	0	$X - S_T > 0$

从表 3 - 3 可以看出，当我们执行该策略时，不管在 T 时刻的股票价格是多少，该策略都会有正或 0 收益（$X - S_T$ 或 0）。而在当前时刻，现金流为 $S_t - \dfrac{X}{1+r} - C_t$，因为我们假设 $C_t < S_t - \dfrac{X}{1+r}$，所以当前现金流也为正。因此，该策略在当前时刻能得到正的现金流，而在 T 时刻得到非负收益，是套利，不应该存在。

从套利空间的结论 3 中可以得到以下关系：

$$C_t > S_t - \frac{X}{1+r} > S_t - X$$

$S_t - X$ 是认购期权的内在价值，即立刻行权所得到的收益。因此，从套利空间的结论中，我们可以得到以下推论：无股利的美式认购期权不会提前行权，否则就有套利的存在。这里我们假设无股利。如果有股利的存在，该推论是否还成立？答案是否定的。如果一只股票存在未发放股利，而该股利又足够大的话，美式认购期权的持有者会有动机行权以达到持有股票并收到股利的目的。

六、影响期权价格的因素

有五种因素会影响股票期权的价格，分别是当前股票价格 S_t、执行价格 K、期权期限 T、股票价格的波动率 σ、无风险利率 r。在期权定价的部分，我们可以把期权价格写成这五种因素的表达式，并作出数学上严谨的分析。在这一部分，我们只是简要地用文字进行描述。我们在其他因素保持不变的条件下，某因素发生变化对于期权价格的影响。表 3-4 对此做了总结。

表 3-4　　　　　　　　　　　影响期权价格因素

因素	欧式看涨期权	欧式看跌期权	美式看涨期权	美式看跌期权
股票价格（元）	+	−	+	−
执行价格（K）	−	+	−	+
期权期限（T）	？	？	+	+
无风险利率（r）	+	−	+	−
股价波动率（σ）	+	+	+	+

（一）股票价格及执行价格

如果认购期权在将来某一时刻行使，期权收益等于股票价格与执行价格的差额。因此，随着股票价格的上升，看涨期权价格也会增大，而随着执行价格的上升，看涨期权价格将会减小。认沽期权的收益等于执行价格与股票价格的差额。因此，认沽期权的价格走向刚好与认购期权相反，即随着股票价格的上升，认沽期权价格会减小；随着执行价格的上升，认沽期权价格将会增大。

（二）期权期限

当期限增加时，美式认购期权与认沽期权价格都会增加。考虑期限不同的两个美式认购期限较短的期权在行使时，较长期限的期权也可以被行使，因此长期限期权的价格至少不会低于短期限期权的价格。

一般来讲，随着期限的增加，欧式认沽期权和认购期权的价值会增加，结论并非总是成立。考虑两个关于同一股票的欧式期权，一个期权的到期日在一个月后，另一个期权的到期日在 2 个月后，假定在 6 个星期后股票支付一个大额股息，股息会使期权价格下降。因此，短期限期权价格可能会越过长期限的期权价格。

（三）股票价格的波动率

股票价格的波动率（volatility）是衡量未来股票价格变动的不定性的一个测度。当波动率增大时，股票价格上升很多或下降很多的机会将会增大。认购期权的拥有者可以从股票上升中获利，但当股票下跌时，其损失是有限的，因为期权的最大损失只是期权费用。类似地，认沽期权持有者可以从价格下跌中获利，同时损失也有限。因此，随着波动率的增加，认购期权及认沽期权价格都会增加。

（四）无风险利率

假设无风险利率变化时其他变量保持不变，尤其是利率变化时股票价格保持不变。当整个经济环境中利率增加时，投资者所要求的股票预期收益也会增加。同时，期权持有人将来所收到现金流的贴现值会有所降低。以上两种效应的合成效应是：认购期权价格会增加，认沽期权价格会降低。

第四章　期权定价

一、期权定价的理论基础

根据金融学的无套利原理，在世界上的任何一个地方，如果两只证券在相同时刻提供相同的现金流的回报，那么这两只证券的定价应该是相同的。如果违反这个定理，就会存在套利机会，则套利者会立即消除两者的价格差异直至套利机会消失。这就是我们之前提过的一价定理。在金融工程中，无论多么复杂的衍生品的定价原理都是基于无套利假定，期权也是如此。为什么在衍生品定价中需要应用无套利原则？我们用以下的一个例子进行说明。

假设一只股票价格今天是 100 元，3 个月后可能是 150 元或是 50 元，现有一个认购期权，行权价格为 100 元。假设 3 个月利率为 20%，假设 3 个月后股票价格是 50 元的概率为 0.000000000000000000001。请问期权大概为多少元？

分析：因为 3 个月后股票价格为 50 元的概率很低，很多人想到的答案可能是 50/1.2 元，也就是 50 元的现值。因为期权的行权价格为 100 元，而股票价格等于 150 元的概率接近于 1，因此很多人会直接应用期望然后用无风险利率求现值来进行求解，这样的结果大概是 41.67 元。我们说这个价格给得太高。我们先假设期权的价格为 35 元，然后执行以下策略　买入 0.5 份股票，卖出认购期权，卖出面值为 25 元的零息债券。[①] 与第三章的分析方法相类似，我们用表 4 - 1 来记录策略的现金流。

项目	$S_T = 150$	$S_T = 50$
买入 0.5 份股票：−50	75	25
卖出认购期权：35	−50	0
卖出零息债券 25/1.2 = 20.8	−25	−25
5.8	0	0

表 4 - 1 分析了 3 个月后在股票价格分别为 150 元（$S_T = 150$ 元）和 50 元（$S_T = 50$ 元）时策略的现金流。我们发现该策略在 3 个月后的现金流为 0。而在当下，买入 0.5 份股票花费 50 元，卖出认购期权得到 35 元，卖出面值为 25 元的零息债券得到 25/1.2 = 20.8（元）。最终得到 5.8 元的净利润。因此，我们构造了一个投资组合，该投资组合在将来不产生任何债务的情况下，在今天得到了正的收益。这就是一个套利策略。虽然 5.8 元不算多，但投资者可以将其无限放大。更重要的是，在一个完美的市场下，所有理性的投资者都会进行该策略。也就是卖出认购期权。因此，期权的价格会下降，直到下降到 29.2 元。如果低于 29.2 元，那么所有投资者会做相反的策略，即买入认购期权。因此，如果应用无套利原则，期权的价格应该是 29.2 元。

在期权价格等于 35 元时，如果说股票和零息债券的价格是固定的，那么期权的价格被高估了。如果所有的投资者卖出该期权，那么市场的均衡就不存在了。这就是我们强调无套利原则的原因，因为套利和市场均衡不能同时存在。在市场上，必须有买有卖才能形成价格，也就是我们常说的需求等于供给，而套利是免费午餐，是所有人都想要享受的。因此，套利的存在会形成单边市场，即市场上只存在买方或者卖方。这样，市场就不存在均衡，也不存在价格。因此，我们应用无套利原则为资产进行定价。[②]

---

① 我们在后面章节会详细介绍该策略的来源。
② 无套利原则也叫资产定价基本原理，有一套严谨的数学证明。

二、离散情形下的期权定价——二叉树模型

二叉树模型对标的资产也就是股票的价格进行简化——假设将来的股票价格只有两种情况，升高或降低。另外，假设价格上升的百分比为 $u(u > 1)$ ，下降的百分比为 $d(d < 1)$ 。同时，在经济体还存在着利率为 r 的无风险的资产。二叉树模型的假设比较简单，只有两种可能，看上去好像和实际不太符合。但是，当我们考虑一个 T 期的二叉树时，让 T 趋向无穷大，所得到的股票的动态过程就比较接近现实了。[①] 为了更好地理解二叉树模型，我们先从一期的二叉树开始分析。

（一）一期二叉树模型

我们先来看一个简单的例子。假定有一个欧式看涨期权，期限为一年。标的资产为一只股票，当前价格为 50 元。该股票在年末时的价格只有两种可能，要么以概率 p 上涨到 65 元，要么以概率 $1 - p$ 下跌到 40 元。假设无风险利率为 8% ，已知行权价格为 52.5 元，当前期权的价格是多少？图 4 - 1 是二叉树模型的例子。

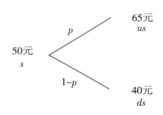

图 4 - 1 二叉树股票价格

我们利用股票和无风险资产建立一个投资组合，使其拥有和该期权完全相同的现金流。根据无套利原则，相同的现金流应该有相同的价格，该投资组合的价格就等于期权的价格。从题设可知，该期权在年末以概率 p 行权得到 12.5 元，或者以概率 $1 - p$ 得到 0 元。所以，我们假设这个投资

---

① 这部分内容不在本书的讨论范围。

组合包括在期初买入 Delta（Δ）份股票并且以无风险利率 8% 借入 K 元。通过下式求出使该投资组合在年末现金流与期权相同的 Δ 和 K，则期权的期初价格肯定与投资组合的期初价值相等，即为（$50\Delta - K$）元。

上涨情形：$65\Delta - K(1 + 8\%) = 12.5(元)$

下跌情形：$40\Delta - K(1 + 8\%) = 0(元)$

联立求解可得出 $\Delta = 0.5, K = \dfrac{20}{1 + 8\%}$，所以期权价格为 6.48 元。

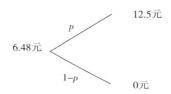

图 4 – 2　二叉树期权价格

图 4 – 2 给出了投资组合和期权在不同情况下的现金流。为什么这个价格可以消除一切套利机会呢？如果期权价格高于 6.48 元，那么我们就可以卖出看涨期权，再利用这笔钱构建投资组合；如果期权价格低于 6.48 元，我们可以卖出投资组合，利用这笔钱买入期权。在这些情况下，我们可以在期初获得无风险利润，从而套利机会出现了。上述方法只是一种利用无套利原理的方式，接下来我们换个角度。

从题设我们知道，无风险资产的回报率为 8%，我们能否利用股票和期权建立一个无风险的投资组合，从而利用投资组合的期初价值计算期权价格呢？这个想法是可行的，因为期权和股票价格的波动的来源是相同的[①]。这意味着标的资产价格的波动与期权价格的波动完全相关，从而我们可以建立完美对冲，即在年末时，投资组合的价值是确定的。则设该投资组合需要卖出一份期权和买入 Δ 份股票。在年末时，无论股价上涨还是下跌，投资组合的价值不变，即有下式成立：

---

①　设想一个衍生品的价值基于两只独立的股票，那么它的波动来源就是两只股票的价格波动。此时，如果我们只用其中一只股票和衍生品建立的投资组合就不可能实现完美对冲。

$$-12.5 + 65\Delta = -0 + 40\Delta$$

解得 $\Delta = 0.5$。所以投资组合在年末的价值为 $-12.5 + 65\Delta$，即 20 元。由无套利原理，该投资组合的贴现率为 8%，所以其期初价值为 $\dfrac{20}{1+8\%}$ 元，其中期权价格为 $50\Delta - \dfrac{20}{1+8\%}$，即 6.48 元。图 4-3 给出了两个组合的现金流。

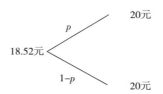

图 4-3 二叉树无风险资产

我们可以发现，其实只要构造合适的投资组合然后利用无套利原理即可得到期权价格。

接下来，我们把这个简单的例子一般化。假定有一个欧式看涨期权，期限为 t。其标的资产当前价格为 S_0，在期权到期时的价格只有两种可能，要么以概率 p^* 上涨到 $S_0 u$（$u > 1$）；要么以概率 $1 - p^*$ 下跌到 $S_0 d$（$d < 1$）。因此，期权到期时的价值要么以概率 p^* 上升 f_u，要么以概率 $1 - p^*$ 下跌 f_d。假设无风险利率为 r（连续复利），当前期权的价格是多少？

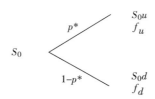

图 4-4 一般化的二叉树模型

通过卖出一份期权和买入 Δ 份股票构建无风险的投资组合，则下式成立：

$$-f_u + S_0 u \Delta = -f_d + S_0 d \Delta$$

求解得到：

$$\Delta = \frac{f_u - f_d}{S_0 u - S_0 d} \qquad (4-1)$$

我们可以看出，Δ 衡量了期权价格的变动与标的资产价格变动的比率，即为了完全对冲一份期权的风险所需的股票的数量。在套期保值策略中，Δ 被称为最优对冲比率。则该投资组合的期初价值为 $(-f_u + S_0 u \Delta) \mathrm{e}^{-rt}$，所以期权价格为 $S_0 \Delta - (-f_u + S_0 u \Delta) \mathrm{e}^{-rt}$。代入 Δ，易得期权价格为

$$\mathrm{e}^{-rt} [p f_u + (1-p) f_d]$$

其中

$$p = \frac{\mathrm{e}^{rt} - d}{u - d} > 0 \text{ 且 } 1 - p = \frac{u - \mathrm{e}^{rt}}{u - d} > 0$$

在上述推导中，我们有以下发现：

首先，期权的价格与股价上涨和下跌的概率无关，因为 p^* 并未出现在公式中。我们在本章最开始给出的例子中，3 个月后股票价格是 50 元的概率为 0.000000000000000001 也是没有用的。事实上，我们可以把这个概率变得更小，也不影响我们对无套利价格的计算。直觉上，股价上涨的可能性越大，那么看涨期权的价格就越高，为什么不是这样呢？如果股价上涨可能性越大，那么当前的股票价格也会上升，即当前股价已经包含了上涨和下跌概率的信息了。所以在利用当前股价计算期权价格时，无须再单独考虑上涨和下跌的概率。

其次，p 和 $1-p$ 满足概率的定义，我们称其为风险中性概率。容易验证，利用风险中性概率可以计算股价：

$$\mathrm{e}^{-rt} [p S_0 u + (1-p) S_0 d] = S_0 \qquad (4-2)$$

为什么要叫作风险中性？在风险中性世界中，投资者对无风险资产和风险资产要求的回报率是一样的，因为投资者既不偏好风险也不厌恶风险。那么股价和期权价值的折现率均是无风险利率，则式（4-2）可以看成当前的股价等于未来股价的期望的贴现值。同样地，期权价格也等于未来支付的期望的贴现值。[①]

---

① 对于风险中性概率的存在是有严格的数学证明的。事实上，我们可以严格证明如果套利机会不存在的话，那么市场上会存在风险中性概率。

利用风险中性假设为我们消除了寻找真实世界中期权价值的贴现率的不便。但是，为什么在风险中性世界里的期权价格和现实世界里是一样的呢？在数学上，我们把从真实世界到风险中性世界的变换称为测度变化，从而保证两个世界对于概率为 1 和 0 的事件的看法是完全一致的[①]。直观上看，期权定价的公式中并没有包括股票的期望收益。这可以理解为 投资者并不在乎股票的期望收益，所以无论我们怎么假设，投资者对于风险的态度都不会影响期权价格的计算。那么，最简单的情形就是风险中性假定。不过，风险中性概率的存在性和唯一性的条件需要严格的数学证明。

事实上，在以上的分析中，对于一个一期的二叉树模型，我们一共考虑了三种解题的方法，不同方法对风险管理有不同的推论。前两种是复制法，其原理是利用股票和无风险资产建立一个投资组合使其拥有和该期权完全相同的现金流。第三种方法是风险中性概率法，其核心是找到一个风险中心概率。第一种方法，我们复制了一个期权，而第二种方法我们复制了一个无风险资产。在风险管理的实践中，第一种方法的实践是投资组合保险，也就是复制一个认沽期权；第二种方法的实践叫 Delta 对冲，实质是对冲风险。我们在后面章节会对这两种风险管理的实践进行详细描述。对于第三种方法，如果能在现实中找到相对应的风险中性概率，就能为复制的金融衍生品定价。

（二） 多期二叉树模型

我们来看一个简单的二期二叉树的例子。假设一个欧式认购期权，期限为两期或两年，行权价为 50 元。期初股价为 50 元，每一期中均可能上涨或下跌10% 。假设无风险利率为 8% （年利率），期初的期权价格是多少呢？图 4 - 5 给出了两期二叉树价格的变化走势。

为计算期初期权的价值，我们需要第一年末期权可能的价值，而第一年末期权可能的价值又取决于第二年末期权可能的价值。因此，在多阶段

---

① 感兴趣的读者可以阅读 Steven E. Shreve 著的《金融随机分析（第二卷）》，2007 年由世界图书出版公司出版。

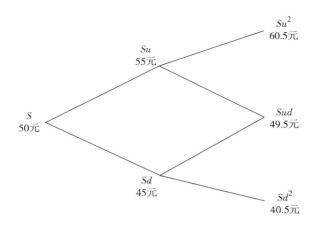

图4-5 多期二叉树股票价格

二叉树模型中，我们只要运用前面的方法从最后一期开始计算倒数第二期的每个节点的价值，依此类推即可。图4-6给出了期权每期的价值。

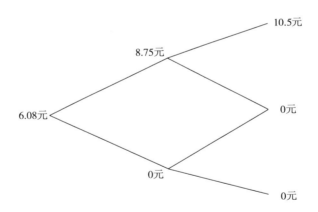

图4-6 多期二叉树期权价格

具体来说，第一期上涨情形下的期权价值可以用公式计算，得

$$\frac{10.5 \times p + 0 \times (1 - p)}{1 + 8\%} = 8.75(\text{元})$$

其中，风险中性概率 p 的计算如下：

$$p = \frac{1 + r - d}{u - d} = \frac{1.08 - 0.9}{1.1 - 0.9} = 0.9$$

第一期下跌情形下期权价值用公式计算，得

$$\frac{0 \times p + 0 \times (1-p)}{1+8\%} = 0(元)$$

第一期上涨时期权价值用公式计算，得

$$\frac{8.75 \times p + 0 \times (1-p)}{1+8\%} = 7.29(元)$$

期初的价格

$$\frac{7.29 \times p + 0 \times (1-p)}{1+8\%} = 6.08(元)$$

需要注意的是，我们在多期二叉树计算时只用了风险中性概率方法，并没有使用复制法。如果使用复制法，我们在不同的时间点需要计算 Δ，而不同阶段不同节点处的 Δ 是不同的，即如果我们通过卖出一份期权和买入 Δ 份股票构造无风险投资组合，那么我们需要阶段性地调整组合中的股票数量使其等于最优对冲比率。因此，如果使用复制法，会加大计算量，所以在多期二叉树模型中，我们采用风险中性概率法。

接下来，我们把这个简单的例子一般化。假设一个欧式认购期权期限为两期，每期时长为 t。期初股价为 S_0 元，每一期均可能上涨为 u 倍或下跌到 d 倍。假设无风险利率为 r（连续复利），期初的期权价格是多少呢？

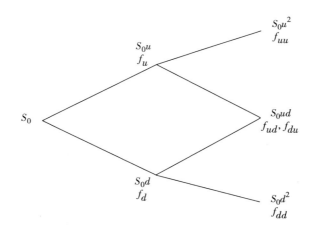

图 4-7　一般化的多期二叉树模型

从前文的分析中，易得

$$f_u = \mathrm{e}^{-rt}\big[\,p f_{uu} + (1 - p) f_{ud}\,\big]$$

$$f_d = \mathrm{e}^{-rt}\big[\,p f_{du} + (1 - p) f_{dd}\,\big]$$

则期初的期权价格为

$$\mathrm{e}^{-rt}\big[\,p f_u + (1 - p) f_d\,\big] = \mathrm{e}^{-2rt}\big[\,p^2 f_{uu} + 2p(1 - p) f_{ud} + (1 - p)^2 f_{dd}\,\big]$$

$$(4 - 3)$$

其中，

$$p = \frac{\mathrm{e}^{rt} - d}{u - d}$$

同样地，在一期二叉树模型中的结论在此仍然适用。利用风险中性假设，期权的期初价格等于期权最后一期支付的期望的贴现值。

在实际应用中，利用多期二叉树模型估计期权价格是非常流行的方法。将单期二叉树以相同的时间长度重复就能得到多期二叉树，从而细化网络。一般来说，需要 30 期二叉树模型来模拟股价的连续变化，则可能出现的股价变化路径为 2^{30} 条，从而确定每一期的时间间隔为 t。那么 u 和 d 是如何选择的呢？考虑到真实世界和风险中性世界的概率不同，我们应该用真实世界的股价波动还是风险中性世界的股价波动呢？可以证明，依据真实世界的股价波动设定的 u 和 d，使风险中性世界的股价波动与现实世界相同。所以，我们只要选择 u 和 d 使公式的计算结果与真实世界的股票预期收益率和方差相吻合：

$$\big[\,p^* u + (1 - p^*) d\,\big] = \mathrm{e}^{\mu}$$

$$p^* u^2 + (1 - p^*) d^2 - \big[\,p^* u + (1 - p^*) d\,\big]^2 = \sigma^2 t$$

其中，p^* 表示真实世界中股价上涨的概率；μ 表示真实世界中股票的预期回报率；σ 表示每一期的股票收益率的标准差。联立方程可得其中一组解 $u = \mathrm{e}^{\sigma\sqrt{t}}, d = \mathrm{e}^{-\sigma\sqrt{t}}$，① 则通过股票收益率的方差可以确定 u 和 d。当每一期时间间隔 t 足够小时，网络不断被细化，从而股票价格变化趋于连续，则应用二叉树模型的计算结果将与连续情形的计算结果近似。

---

① 将解代入风险中性世界的股票收益率的方差计算公式，即可验证风险中性世界和真实世界的方差相同。

三、连续情形下的期权定价——Black – Scholes 模型

假定股票价格的变化是连续的而非离散的似乎更符合实际，但整个推导过程的核心思想还是构建投资组合应用无套利原理。假设有一个行权价格为 K 的欧式看涨期权，其标的资产股票价格 S 服从几何布朗运动，即

$$\frac{\Delta S}{S} = \mu \Delta t + \sigma \epsilon \sqrt{\Delta t}$$

其中，把 $\frac{\Delta S}{S}$ 看作股票的收益率，分子为股票价格的变化，分母为当前股票价格；μ 表示股票收益率的期望；σ 表示股票收益率在单位时间间隔内的标准差，二者均为常数；变量 ϵ 服从标准正态分布；Δt 表示趋于 0 的单位时间间隔。

上述公式表明：在极小的单位时间间隔 Δt 内，股票价格变动的百分比是由两个部分决定的。$\mu \Delta t$ 表示在单位时间间隔内的股价变化百分比的均值，称作漂移项；$\sigma \epsilon \sqrt{\Delta t}$ 带来了波动，称作扩散项。[①] 可以看到，持有股票的时间间隔越长，投资者的预期收益就越高，而波动率也就越大。

Black – Scholes 期权定价公式的求解和我们前面所讲述的二叉树模型在经济学原理上是相同的。如果使用复制法，也是复制一个期权或是一个无风险投资组合。但在 Black – Scholes 假设中股票是一个连续的随机过程，因此复制时也需要让复制投资组合和期权（如果复制期权的话）的价格时时刻刻相等。为了确保这一条件，我们要做的是动态复制或动态对冲，即时时刻刻调整投资组合。当然，由于假设不同，Black – Scholes 模型需要应用随机微积分的知识来计算动态的 Δ。我们把简单的数学证明放在附录，感兴趣的读者可以自行学习。

经过数学运算，我们可以得出 Black – Scholes 认购期权的定价公式：

$$c_0 = S_0 \times N(d_1) - K e^{-rT} N(d_2) \tag{4 – 4}$$

其中，$N(\cdot)$ 表示标准正态的累积分布函数；T 表示期权的期限。

---

① 如果没有扩散项，那么股价变化百分比是时间的线性函数，图像为一条直线，而扩散项使股价变化百分比围绕该直线上下波动。

$$d_1 = \frac{\ln \frac{S_0}{K} + \left(r + \frac{\sigma^2}{2}\right)T}{\sigma \sqrt{T}}$$

$$d_2 = \frac{\ln \frac{S_0}{K} + \left(r - \frac{\sigma^2}{2}\right)T}{\sigma \sqrt{T}}$$

如果是一个欧式认沽期权呢？我们可以买入一份欧式认购期权和卖出一份欧式认沽期权来构造投资组合，二者的假设与上文相同。在到期日，如果股价高于 K，则投资组合价值为 $S - K$，如果低于 K，则投资组合价值为 $-(K - S)$，依据无套利原理，下式成立：

$$c_0 - p_0 = S_0 - K\,e^{-rT} \qquad (4-5)$$

这就是我们前面所讲的期权平价理论（Put – Call Parity）。再结合已知的欧式认购期权定价公式，我们就可以得到欧式看跌期权定价公式：

$$p_0 = K\,e^{-rT}N(-d_2) - S_0 \times N(-d_1) \qquad (4-6)$$

在此我们梳理一下推导 Black – Scholes 期权定价公式所需的重要的基本假设：[1] 股价服从如上文所述的几何布朗运动；股票在整个期权的期限内不发放股利；不存在无风险的套利机会。

总体来看，尽管连续情形下的期权价格的推导运用的数学难度增加了，但是其背后的核心思想与简单的一期二叉树模型是完全一致的，而且得到的结果是相同的。股票的真实期望收益率 μ 并不影响期权的定价，也就是投资者对风险溢价的要求与期权价格无关。那么，我们就可以采用风险中性定价方法。可以证明，Black – Scholes 公式可表示为期权到期时价值的期望的贴现值，[2] 即

$$c_0 = e^{-rT}\widetilde{E}[\max(S(T) - K,0)] = e^{-rT}[S_0\,e^{rT} \times N(d_1) - KN(d_2)]$$

$$(4-7)$$

---

[1] 可参考：约翰·C. 赫尔. 期权、期货和其他衍生品（第八版）[M]. 北京：清华大学出版社，2017.

[2] 可参考：约翰·C. 赫尔著的《期权、期货和其他衍生品（第八版）》的第十四章的附录的证明。

其中，$\tilde{E}[\max(S(T)-K,0)]$ 表示在风险中性世界中期权到期日的价值的期望。所以风险中性定价公式在离散和连续情形中都是适用的。[1] 同时，在数学上可以证明，对于以上所假设的期权，当二叉树模型的期数 n 趋于无穷时，所得到的期权定价公式就是 Black – Scholes 估值模型。[2]

我们在 Excel 中进行 Black – Scholes 定价模型计算，如表 4 – 2 所示。

表 4 – 2 　　　　在 Excel 中进行 Black – Scholes 定价模型计算

---

① 可参考：Steven E. Shreve 著的《金融随机分析（第二卷）》来了解风险中性定价公式应用的前提。
② 可参考：约翰·C. 赫尔著的《期权、期货和其他衍生品（第八版）》的第十二章的附录的证明。

表4－2中的隐含波动率是指在 Black－Scholes 期权定价模型正确的情况下，根据市场上期权价格并利用 Black－Scholes 公式倒推出来的波动率。不同于收益率，波动率是看不见、摸不着的，因此在进行 Black－Scholes 计算时，波动率也是估计值。因此，有人提出，可以应用市场上期权的价格，利用 Black－Scholes 倒推出股票的波动率，即隐含波动率。隐含波动率是利用价格计算得出的，因此也是市场上投资者的买卖行为所形成的结果，可以作为波动率的一种估计方法。

四、期权定价方法的应用

接下来，我们来看看如何应用风险中性定价方法对于其他类型的期权进行定价。

（一）发放股利的欧式期权的定价

假定有一欧式期权，在期限内，标的资产股票所发放的现金股利的具体时间和数额是提前确定的。那么，我们可以把当前的股票看成一个投资组合，包括无风险资产即确定的股利和其余不确定的部分。如果我们在当前股价中减去股利的贴现值，则得到一个不发放股利的股票。当然，如果期限较长，上述假定就很不合理了。所以，对于期限长的期权，我们假定股息率（dividend yield）是确定的。在风险中性世界中，发放股利的股票收益率为无风险利率，那么不发放股利的股票的收益率为无风险利率减去股息率。这样就把发放股利的欧式期权定价问题转化为不发放股利的欧式期权定价问题，所以我们就可以用二叉树模型或 Black－Scholes 估值模型计算期权的价格。

（二）美式期权的定价

考虑到美式期权可以提前行权，所以美式期权的价格应该不低于对应的欧式期权的价格。决定最优的行权策略并不简单，然而我们可以利用二叉树模型进行估值。诀窍在于从最后一期倒推计算，并在每个节点上考虑是否应该提前行权。以不发放股利的美式看跌期权为例，每个节点上的价值为

$$\max(e^{-rt}[pf_u + (1 - p)f_d], K - S)$$

其中，$e^{-rt}[pf_u + (1 - p)f_d]$ 为不提前行权的价值，$K - S$ 为提前行权的价值。显然，在期权到期时的节点上，美式期权的价值与对应的欧式期权的价值相同，因为不提前行权的美式期权就是欧式期权。特别地，对于不发放股利的美式看涨期权，提前行权并不是最优的。因此，其与对应的欧式期权的价格是相同的，可以用 Black – Scholes 估值模型计算。而对于美式看跌期权或者是发放股利的美式期权，二叉树模型更为灵活适用。

总体来看，一个期权的价格可以看成六个变量的函数，包括标的资产价格、期权价格、期限、无风险利率、波动率和股利。对于各种各样的期权的定价，如果其风险中性概率存在且唯一，那么就可以应用风险中性定价公式，而这样确定的价格就可以消除一切套利机会，从而不会违背无套利原理。

（三）风险管理的应用

既然我们已经有了二叉树模型，为什么还要用复杂的数学方法来计算 Black – Scholes 期权定价公式呢？二叉树模型很好，有助于我们理解期权定价的原理，在我们计算 Δ 时，可以用期权价格的变化:股票价格的变化。但股票的价格只有上升和下降两个值，现实中我们无法确定这两个值，如果不能确定，那我们就不知道 Δ 是多少，也就不能进行风险管理。而 Black – Scholes 期权定价公式明确给出了一个解析解，根据这个解析解，我们可以很容易地计算出 Δ 的值，然后应用到风险管理的实践中。我们将在下一章对风险管理实践进行详细分析。

五、附录

Black – Scholes 期权定价公式的简单推导

假定期权的价格 c 是 S 和 t 的函数，所以由伊藤—德布林公式[1]易得

---

① 对该部分数学内容不清楚的读者可以参考 Steven E. Shreve 著的《金融随机分析（第二卷）》，但只要把握推导的核心思想即可，数学公式并不是理解的重点。

$$dc(S,t) = \frac{\partial c}{\partial S}dS + \frac{\partial c}{\partial t}dt + \frac{1}{2}\frac{\partial^2 c}{\partial S^2}dSdS$$

依据对股价的假设，上式可以表示为

$$dc(S,t) = \left(\frac{\partial c}{\partial S}\mu S + \frac{1}{2}\frac{\partial^2 c}{\partial S^2}\sigma^2 S^2 + \frac{\partial c}{\partial t}\right)dt + \frac{\partial c}{\partial S}\sigma Sdz$$

依照一期二叉树模型的思路，因为股票价格和期权价值的波动来源相同，所以可以实现完美对冲。设卖出一份期权和买入 Δ 份股票[①]，由上式可以看出，当 $\Delta = \frac{\partial c}{\partial S}$ 时，股票价格的扩散项与期权价格的扩散项抵消，从而投资组合价值变动在充分小的单位时间间隔内的标准差为 0。假定无风险利率为 r ，依据无套利原理，下式成立：

$$\frac{1}{-c(S,t) + \frac{\partial c}{\partial S}S}d\left[-c(S,t) + \frac{\partial c}{\partial S}S\right] = rdt$$

即无风险资产在充分小的单位时间间隔内的收益率为 r 。代入期权和股票价格的方程，可以得到以下偏微分方程：

$$\frac{\partial c}{\partial t} + rS\frac{\partial c}{\partial S} + \frac{1}{2}\frac{\partial^2 c}{\partial S^2}\sigma^2 S^2 = rc$$

由于期权的价值在到期日为 $\max(S - K, 0)$ ，所以该偏微分方程的边界条件为

$$c(S(T),T) = \max(S(T) - K, 0)$$

Black - Scholes 期权定价公式给出了该偏微分方程的解，即

$$c_0 = S_0 \times N(d_1) - Ke^{-rT}N(d_2)$$

其中, $N(\cdot)$ 表示标准正态的累积分布函数, T 表示期权的期限。

$$d_1 = \frac{\ln\frac{S_0}{K} + \left(r + \frac{\sigma^2}{2}\right)T}{\sigma\sqrt{T}}$$

---

① 需要注意，如前所述，Δ 必须随着时间不断变化才能保证在整个期限内投资组合都是无风险的。

$$d_2 = \frac{\ln \dfrac{S_0}{K} + \left(r - \dfrac{\sigma^2}{2} \right) T}{\sigma \sqrt{T}}$$

那么，如果是一个欧式认沽期权呢？只需要将边界条件变为

$$p(S(T),T) = \max(K - S(T),0)$$

则得到其定价公式为

$$p_0 = K e^{-rT} N(-d_2) - S_0 N(-d_1)$$

第五章　Delta 对冲与投资组合保险

一、Delta 对冲和投资组合保险概述

在本章，我们利用上一章的期权定价模型的基本原理，讨论风险管理在实践中的应用。在具体实践中，我们主要应用的原理是复制法。第一种复制法是复制一个无风险的投资组合，其实质是对冲掉期权标的资产所带来的风险，叫 Delta 对冲。第二种复制法是复制一个认沽期权。从之前的讨论中，我们知道认沽期权就好像是一种保险，可以在资产价格下跌时得到正的收益。因此，复制认沽一个认沽期权就好像买入一份保险一样，所以该策略叫投资组合保险。

Delta 对冲实际上是根据所持有的头寸做一个反向操作，从而对冲掉其头寸上的风险。假设某金融机构卖出了一个认购期权，那么如果期权到期时是实值的，该金融机构在将来面临支付期权到期收益的风险。虽然卖出期权有一定的收益，但其卖出期权所获得收益完全可能因为未来的支付而抵消，甚至造成损失。所以，金融机构希望可以加入资产与卖出的期权构成一个无风险的投资组合，比如在交易所买入一定的标的资产。因为卖出认购期权在标的资产价格上升时会形成损失，买入标的资产的操作可以在价格上升时得到一定的收益，从而对冲期权头寸所带来的损失。然而，买入多少标的资产才能满足对冲的需求？这里需要以期权定价理论为基础的 Delta 对冲方法。

投资组合保险的实质是复制一个认沽期权。假设某金融机构拥有一个

资产组合，未来有可能带来高盈利，也有可能价格下跌带来巨大亏损。我们希望可以构造投资组合使之尽可能地盈利，限制亏损。事实上，我们只需买入一个认沽期权即可，然而交易所不一定有这样的期权，或者规模无法满足金融机构的需求，所以我们需要复制一个期权，也就是应用投资组合保险的方法来进行风险管理。

二、期权的风险

首先，我们考虑的是哪些因素会引起期权价值的变化，从而带来风险。在期权定价的小节中，我们介绍了期权的价格是标的资产价格、波动率、无风险利率、股利、期限、行权价的函数，当然还取决于期权的类型①。然而，期限、行权价及期权的类型是开始时设定好的，所以它们不会变化带来风险。标的资产价格、波动率及无风险利率的变化分别对应着不同维度的期权价格的风险，在实务中，人们用一系列希腊字母表示它们，并希望把它们控制在可以接受的范围内。在本章中，我们主要考虑的是标的资产价格变动所带来的风险，探讨如何在风险管理中对该风险进行度量。

（一）标的资产的价格变动带来的风险

我们假设标的资产为股票的期权，则标的资产价格变动的风险是股票价格变动的风险。风险的度量指标我们用 Delta（或希腊字母 Δ）表示，控制其他变量不变，Delta 是标的资产价格变动与期权价格变动的比值。这个概念我们已经在期权定价的小节中介绍过。如果在股价连续变动的情形下，我们可以得出 Black – Scholes 期权定价公式。因为该期权定价公式是一个解析解，我们可以用导数的形式来表示：

$$\Delta = \frac{\partial c}{\partial S} \tag{5-1}$$

因此，对于不发放股利的欧式认购和认沽期权，在一定假设下，依据

---

① 例如，期权是美式期权还是欧式期权、是看涨还是看跌等。

Black – Scholes 期权定价公式可得

$$\Delta_c = \frac{\partial c(S,t)}{\partial S} = N(d_1) \qquad (5-2)$$

$$\Delta_p = \frac{\partial p(S,t)}{\partial S} = N(d_1) - 1 \qquad (5-3)$$

Δ_c 表明，当股价增加 1 元，期权价格上涨 $N(d_1)$ 元。对于一个投资组合，其 Delta 可以表示为

$$\Delta = \frac{\partial \pi}{\partial S} = \frac{\sum w_i \partial c_i}{\partial S} = \sum w_i \Delta_i \qquad (5-4)$$

其中，$\Delta_i = \frac{\Delta c_i}{\Delta S}$，$w_i$ 表示不同资产所占的比重。因此，投资组合的 Delta 度量的是期权投资组合对标的资产价格变化的风险头寸。

（二）Delta 对冲

根据前面的风险度量指标，如果持有一个认购期权并想对冲掉股票价格变化所带来的风险，则我们需要卖出 $N(d_1)$ 份股票来冲抵期权价格的变化，从而投资组合的价值不变。Δ_p 表明当股价增加 1 元，期权价格下跌 $(1 - N(d_1))$ 元，[①] 如果持有一个认沽期权并想对冲掉股票价格变化所带来的风险，则我们需要买入 $(1 - N(d_1))$ 份股票来冲抵期权价格的变化，从而投资组合的价值不变。

由于买入一份股票的 Delta 为 1，买入一个认购期权的 Delta 为 Δ_c，则买入一个看涨期权和卖出 Δ_c 份股票的投资组合的 Delta 为 0；同样地，买入一个看跌期权的 Delta 为 Δ_p，则买入一个看跌期权和买入 $(-\Delta_p)$ 份股票的投资组合的 Delta 为 0，我们称 $\Delta = 0$ 为 Delta 中性，称这样的方法为 Delta 对冲。事实上，如果我们持有多个期权，并想对冲掉股票价格变化所带来的风险，我们需要做的是让这个投资组合 Delta 为 0。

在图 5 – 1 中，多头认购期权的 Delta 随股票价格的变化而变化。我们

---

① 由于 $N(d_1)$ 大于 0 小于 1，因此认沽期权的 Delta 是负值。

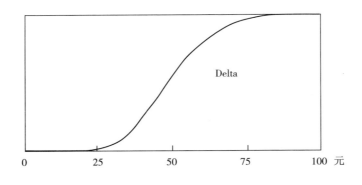

图 5 – 1 Delta 变化情况

可以看到，在不同时刻的股票价格不同，因此期权的 Delta 也不同，因此需要动态调整对冲的头寸。从理论上说，我们应该在每个趋于 0 的单位时间间隔内调整 Δ，从而保证投资组合总是无风险的，这样阶段性地调整对冲的方法称为动态对冲。当然，在实际操作中，我们不可能在趋于 0 的单位时间间隔内调整 Delta，但考虑到交易成本，我们所选取调整的时间间隔并不是越小越好。如图 5 – 2 所示，如果在调整间隔内，股价变化较小，那么先前确定的 Delta 与在调整间隔内由股价微小变化导致的 Delta 很接近，所以先前确定的 Delta 可以满足我们在调整期内保证投资组合无风险的要求；但如果在调整间隔内，股价变化很大，那么先前确定的 Delta 与在调整间隔内由股价剧烈变化导致的 Delta 差异大，故先前确定的 Delta 不能满足我们在调整期内保证投资组合无风险的要求。

如果考虑到误差，我们还可以考虑另外一个风险度量指标 Gamma。Gamma 衡量的是 Delta 随股票变化的敏感程度。在一定假设下，依据 Black – Scholes 期权定价公式可得

$$\Gamma = \frac{N'(d_1)}{S_0 \sigma \sqrt{T}} \qquad (5 - 5)$$

其中，

$$N'(d_1) = \frac{1}{\sqrt{2\pi}} e^{-\frac{d_1^2}{2}}$$

所以，我们需要在该投资组合中加入 Gamma 为（ – Γ）的资产，从而

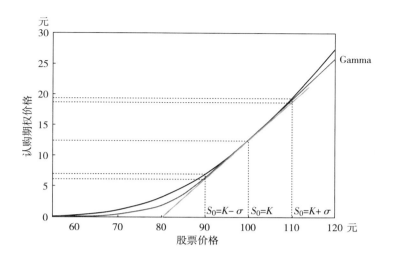

图 5 - 2 **Delta 和 Gamma 估计**

保证 $\Gamma = 0$，并称这样的投资组合是 Gamma 中性的。显然，标的资产的 Gamma 为 0，我们需要加入其衍生品，新的投资组合虽然 Gamma 中性，但并不是 Delta 中性，故需要加入标的资产进行调整使其 Delta 中性。总体来看，Delta 中性使投资组合的价值不受微小的标的资产价值波动的影响，但 Delta 和 Gamma 中性使投资组合的价值不受剧烈的标的资产价值波动的影响，从而在调整时间间隔较长的情形下，仍然能保证无风险的投资组合。在图 5 - 2 中，最下方的直线表示 Delta 估计，虚线表示 Gamma 的改进。在实际操作中，期权交易者只是保证在交易日结束时投资组合是 Delta 中性的，或者至少是接近 Delta 中性的，但对于 Gamma 并不需要每天调整。[①]

（三）Gamma 的符号对风险管理操作的影响

Gamma 为正，表明随着股价上升 Delta 增加；反之，Gamma 为负，表明随着股价上升 Delta 减小。Gamma 的绝对值越大则期权的价格对于标的资产价格的变化越敏感，其与股价的关系如图 5 - 3 所示。

---

① 可参考：约翰·C. 赫尔. 期权、期货和其他衍生品（第八版）［M］. 北京：清华大学出版社，2017.

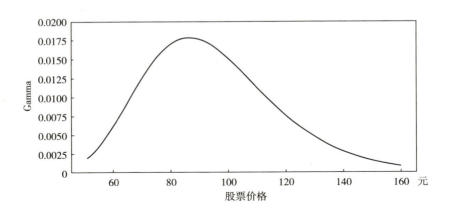

图 5 - 3 Gamma 变化情况

可以看出，当其他变量不变时，股价越接近行权价，Gamma 越大。这与我们的直觉相符，股价越接近行权价，是否行权对于股价的变化越敏感，从而期权价格对于股价的变化越敏感。对于认购期权和认沽期权的多头头寸，我们都有正的 Gamma。从图 5 - 1 可以看出，对于认购期权，当股票价格上涨时，行权的可能性增加，当价格非常高时，行权概率接近 1，因此，Delta 也趋向于 1。在一个一期二叉树模型中，Delta 为

$$\Delta = \frac{f_u - f_d}{S_u - S_d} = \frac{(S_u - K) - (S_d - K)}{S_u - S_d} = 1$$

因为此时股票价格很高，$S_u - K$ 和 $S_d - K$ 都大于 0，因此 Δ 等于 1。同理，当股票价格下跌并远低于行权价时，行权的可能性接近 0，故有

$$\Delta = \frac{f_u - f_d}{S_u - S_d} = \frac{0 - 0}{S_u - S_d} = 0$$

此时，股票价格很低，最终期权大概率是虚值状态。

从以上的简单分析中我们可以看出，认购期权的 Delta 是随着股票价格上升而上升的，同样地可以分析认沽期权，并且发现认沽期权的 Delta 也是随着股票价格上升而上升的。因此，认购期权和认沽期权的多头头寸都有正的 Gamma。相反，如果持有的是空头头寸，Gamma 则为负，如图 3 - 4 所示。

Gamma 的正负决定 Delta 如何随着股票价格的变化而变化，而 Delta 的

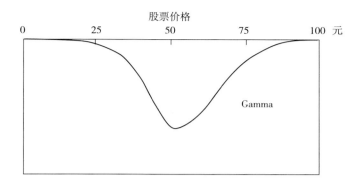

股票价格

图 5 - 4　**Gamma 为负的情况**

变化最终影响的是对冲策略买卖股票行为，因此 Gamma 的正负直接影响对冲的具体操作。

（四）案例

假设 A 股票的剩余期限为 3 个月，执行价格为 60 元的认购期权，以隐含波动率30%被卖出。目前 A 股票股价为每股 60 元，并且无风险收益率是 4%。如果你相信真实的波动率为 32%，你该如何交易，才能避免 A 股票的风险暴露？你每买入或者卖出一个期权，会持有多少股票？

求解：首先，如果真实的波动率是 32%，而隐含波动率是 30% 的话，意味着期权的价格被低估了。面对一个价格被低估的资产，我们应当买入，但买入该期权又会承担股票价格下跌导致期权价格下跌的风险。因此，我们需要一个 Delta 对冲策略，可以卖空一部分股票来对冲股票价格下跌所带来的期权价格下跌的风险。

根据 32% 的真实波动率，我们计算出认购期权价格为 4.113 元，而期权的 Delta 为 0.557（ $N(d_1)$ ）。如果按照 30% 的隐含波动率，可以计算出认购期权的价格为 3.876 元。假设买入 1000 个认购期权，成本是 $1000 \times 3.876 = 3876$ 元。当期权被合理定价时，应该获得的利润为 $(4.113 - 3.876) \times 1000 = 237$ 元。但是，股票价格下跌时，该策略不一定盈利。当股票价格为下降到 59.5 元时，可以计算出期权价格为 3.837

元，此时买入期权的策略是亏损的。因此，在买入期权的同时，需要卖空 $1000 \times N(d_1) = 557$ 元的股票从而使投资组合总体 Delta 为 0。表 5 - 1 为 Excel 中的计算。

表 5 -1　　　　　　　　　　Delta 对冲的 Excel 示例

	A	B	C	D	E	F	G	H	I	J	K	L	M
3	现有波动率						真正波动率					买入1000看涨期权	
4												Profit	235.962908
5	距到期日时间	0.25		d_1	0.142		距到期日时间	0.25		d_1	0.143	假设买入1000期权	
6	波动率	30%		d_2	-0.008		波动率	32%		d_2	-0.018		
7	行权价格	60		$N(d_1)$	0.556		行权价格	60		$N(d_1)$	0.557		
8	股票价格	60		$N(d_2)$	0.497		股票价格	60		$N(d_2)$	0.493		
9	利率	4%		期权价格	3.876		利率	4%		期权价格	4.113		
10													
11	卖空Delta×1000的股票												
12	1000 看涨期权	-3875.7		期权数量	1000								
13	Delta 数量股票	33399		股票数量	557								
14	总花费	29524											
16	期权												
17	股票价格	59	59.5	60	60.5	61							
18	d_1	0.116	0.129	0.143	0.155	0.168							
19	d_2	-0.044	-0.031	-0.018	-0.005	0.008							
20	$N(d_2)$	0.546	0.551	0.557	0.562	0.567							
21	$N(d_2)$	0.483	0.488	0.493	0.498	0.503							
22	期权价格	3.565	3.837	4.113	4.393	4.678							
23													
24	期权损益	-310.51	-39.11	237	517.53	802.54							
25	股票损益	556.66	278.33	0.00	-278.33	-556.66							
27	总损益	246.04	239.22	236.96	239.20	245.88							

	A	B	C	D	E	F	G	H	I	J	K	L	M
3	现有波动率						真正波动率					买入1000看涨期权	
4												Profit	
5	距到期日时间	0.25		d_1	=(LN(B8/B7)+B9+0.5*B6^2)*B5/(B6*SQRT(B5))		距到期日时间	0.25		d_1	=(LN(H8/H7)+H9+0.5*H6^2)*H5/(H6*SQRT(H5))	假设买入1000期权	
6	波动率	30%		d_2	=E5-B6*SQRT(B5)		波动率	32%		d_2	=K5-H6*SQRT(H5)		
7	行权价格	60		$N(d_1)$	=NORMSDIST(E5)		行权价格	60		$N(d_1)$	=NORMSDIST(K5)		
8	股票价格	60		$N(d_2)$	=NORMSDIST(E6)		股票价格	60		$N(d_2)$	=NORMSDIST(K6)		
9	利率	4%		期权价格	=B8*E7-B7*EXP(-B9*B5)*E8		利率	4%		期权价格	=H8*K7-H7*EXP(-H9*H5)*K8		
11	卖空Delta×1000的股票												
12	1000 看涨期权	=-1000*E9		期权数量	1000								
13	Delta 数量股票	=K7*1000*B8		股票数量	=K7*1000								
14	总花费	=B13+B12											

	A	B	C	D	E	F
16	期权					
17	股票价格	59	59.5	60	60.5	61
18	d_1	0.116	0.129	=(LN(D17/$H$7)+$H$9+0.5*$H$6^2)*$H$5/($H$6*SQRT($H$5))	0.155	0.168
19	d_2	-0.044	-0.031	=D18-$H$6*SQRT($H$5)	-0.005	0.008
20	$N(d_1)$	0.546	0.551	=NORMSDIST(D18)	0.562	0.567
21	$N(d_2)$	0.483	0.488	=NORMSDIST(D19)	0.498	0.503
22	期权价格	3.565	3.837	=D17*D20-$H$7*EXP(-$H$9*$H$5)*D21	4.393	4.678
24	期权损益	-310.61	-39.11	=1000*(D22-$E$9)	517.53	802.54
25	股票损益	556.66	278.33	=-$K$7*1000*(D17-$H$8)	-278.33	-556.66
27	总损益	246.04	239.22	=D25+D24	239.20	245.88

（五）其他风险来源

由于波动率并不是一个常数，因此波动率变化会引起期权价格的变化。我们称期权价格的变化与波动率变化的比值为 Vega，即

$$\upsilon = \frac{\partial c}{\partial \sigma} \tag{5-6}$$

由于无风险利率并不是一个常数，所以无风险利率变化会引起期权价格的变化。我们称期权价格的变化与无风险利率变化的比值为 rho，即

$$rho = \frac{\partial c}{\partial \sigma} \tag{5-7}$$

在实际操作中，不同希腊字母所代表的风险来源都设定有一个限制，如果在交易日结束时交易员希望超过限定值，则需要特殊批准。[①]

三、投资组合保险

（一）基本策略

假如我们有一个资产组合，资产价格在未来下跌会带来损失。如何尽可能地盈利而限制亏损呢？就像之前提到的那样，对于管理这种风险，第一种方法是购买一个以该资产组合为标的资产的认沽期权，则我们未来所得为

$$\max(K, V_T)$$

其中，V_T 为到期时资产组合的价值。因为投资组合在 T 时刻的价值为 V_T，而认沽期权的收益为

$$\max(K - V_T, 0)$$

因此，该策略就好像为投资组合买一份保险，因此叫投资组合保险。图 5-5 给出了组合收益。

---

① 可参考：约翰·C. 赫尔. 期权、期货和其他衍生品（第八版）[M]. 北京：清华大学出版社，2017.

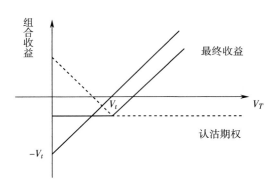

图 5 - 5　投资组合保险示例

但在实际操作中，这样的认沽期权可能并不存在，或者其规模不能满足我们的需要，又或者需要长期持有该资产组合，但期权的期限只有几个月。那我们该怎么做呢？根据期权定价理论，我们可以复制一个认沽期权。假设该资产组合为股票组合，只需利用标的资产和无风险资产复制该期权就可以了。在之前的一期二叉树模型中，我们利用股票和无风险资产复制欧式看涨期权，从而依据无套利原理进行定价。假定股价变化 ΔS 及小，那么当其他变量不变时，期权价值的变化为

$$\Delta c(S,t) = \frac{\partial c}{\partial S}\Delta S$$

同时，利用 Δ 份股票和价值为 K 的无风险资产所构成的投资组合的价值变化为

$$\Delta \pi(S,t) = \Delta \cdot \Delta S$$

为了保证上述两个公式的价值变化相同，我们有下式成立：

$$\Delta = \frac{\partial c}{\partial S}$$

对于一个认沽期权，其 Delta 为负，则我们可以通过卖空 $(-\Delta)$ 份的资产，并将卖空收益投入无风险资产，同时买入与其价格相同的无风险资产来复制。

举一个例子来说明这样构成的投资组合可以实现资产组合的风险管理功能。假设有一个股票组合，期初价值为 V_0，持有期为 T，其间不发放股

利。一个以此为标的资产的看跌期权的 Delta 为

$$\Delta_p = N(d_1) - 1$$

其中,

$$d_1 = \frac{\ln \dfrac{V_0}{K} + \left(r + \dfrac{\sigma^2}{2}\right)T}{\sigma\sqrt{T}}$$

那么,我们通过卖出($-\Delta_p$)份股票组合,并将收益存入银行。设此时看跌期权价格为 f,那么在总的投资组合中,我们持有($1 + \Delta_p$)份的股票组合和价值为($-\Delta_p V_0 + f$)的银行存款。如果一份股票组合的价值下降了 1%,那么总的投资组合的价值变动为

$$-(1 + \Delta_p)V_0 \cdot 1\%$$

对于一份股票组合和一个看跌期权构成的投资组合的价值变动为

$$-V_0 \cdot 1\% - \Delta_p \cdot V_0 \cdot 1\%$$

显然,两者相等。而在到期时,如果 $V_T > K$,那么 $\Delta_p = 0, f = 0$,则在复制期权的投资组合中,我们持有 1 份股票组合,则总的投资组合的价值为

$$V_T + 0$$

$V_T < K$,那么 $\Delta_p = -1, f = K - V_T$,则在复制期权的投资组合中,我们持有价值为($V_T + K - V_T$)则总的投资组合的价值为

$$0 + V_T + K - V_T$$

复制期权的投资组合的盈利不低于 K,而在买入一个看跌期权的投资组合中,到期时的所得为 $\max(K, V_T)$,所以,我们证明了复制期权得到的投资组合和购买期权得到的投资组合对于标的资产价值变动的反应相同,能够限制标的资产组合的亏损。

与 Delta 对冲一样,在实际操作中,我们需要动态调整投资组合保险策略。我们用表 5-2 进行说明。

表 5 - 2　　　　　　　　　　　投资组合保险的 Excel 示例

	A	B	C	D	E	F	G	H	I
								股票价格	波动性
1								100	0.25
2	Black-Scholes价格								
3	K	90		d_1	0.7571		d_2	0.6020	
4	认沽期权价格		2.17						
5	周	$T-t$	回报率	价格	ln(S/X)	d_1	Delta	买卖股票	现金流	现金头寸
6	0	0.385		100.000	0.105	0.757	-0.225	-0.225	22.450	22.450
7	1	0.365	0.041	104.100	0.146	1.039	-0.149	0.075	-7.810	14.640
8	2	0.346	0.002	104.308	0.148	1.077	-0.141	0.009	-0.903	13.738
9	3	0.327	0.095	114.217	0.238	1.739	-0.041	0.100	-11.395	2.343
10	4	0.308	-0.004	113.761	0.234	1.759	-0.039	0.002	-0.199	2.143
11	5	0.288	0.016	115.581	0.250	1.930	-0.027	0.013	-1.447	0.697
12	6	0.269	-0.036	111.420	0.213	1.711	-0.044	-0.017	1.870	2.566
13	7	0.250	-0.067	103.955	0.144	1.216	-0.112	-0.068	7.120	9.686
14	8	0.231	0.016	105.618	0.160	1.392	-0.082	0.030	-3.186	6.439
15	9	0.212	0.032	108.998	0.192	1.723	-0.042	0.039	-4.300	2.139
16	10	0.192	0.027	111.941	0.218	2.045	-0.020	0.022	-2.462	-0.263
17	11	0.173	-0.026	109.030	0.192	1.896	-0.029	-0.009	0.929	0.636
18	12	0.154	-0.069	101.507	0.120	1.276	-0.101	-0.072	7.309	7.975
19	13	0.135	-0.019	99.579	0.101	1.148	-0.125	-0.024	2.432	10.407
20	14	0.115	0.041	103.661	0.141	1.707	-0.044	0.081	-8.442	1.965
21	15	0.096	-0.005	103.143	0.136	1.797	-0.036	0.008	-0.803	1.132
22	16	0.077	0.024	105.618	0.160	2.343	-0.010	0.027	-2.808	-1.646
23	17	0.058	-0.010	104.562	0.150	2.528	-0.006	0.004	-0.401	-2.047
24	18	0.038	0.009	105.503	0.159	3.266	-0.001	0.005	-0.548	-2.595
25	19	0.019	0.002	105.714	0.161	4.659	0.000	0.001	-0.057	-2.653
26	20	0.000	0.024	108.251	0.185	na	0.000	0.000	0.000	-2.653
27										
28	如果买一份认沽期权			如果投资组合保险策略						
29	S_T	108.251		现金		-2.653				
30	P_t		2.17	S_T		0.000				
31	期权收益		0.00	净值		-2.653				
32	净值	(2.17)								

股票价格当前为 100 元，其波动性为 0.25，一份以该股票为标的的认沽期权执行价为 90 元。在第 0 周，通过计算可以得到该认沽期权 Δ 为 -0.225。为了复制该期权，我们通过卖空 0.225 份股票，并将所获得的现金流投入无风险资产。进入第一周，股票价格上涨到 104.1 元，此时认沽期权的 Δ 变为 -0.149，此时通过买入 0.075 份股票调整组合的 Δ 为 -0.149，现金头寸变为 14.640 元。如此，在每一周均对组合的头寸进行调整。

（二）投资组合保险讨论

对于卖出的认沽期权，我们通过买入 Δ_c 份股票对冲，由于 Delta 随着股价的上升而增加，我们需要在股价上升时买入更多的标的股票，在股价下降时卖出标的股票；对于卖出的认沽期权，我们通过卖出（$-\Delta_p$）份股票对冲，由于 Delta 的绝对值随着股价的上升而减小，我们需要在股价上升时买入标的股票，在股价下降时卖出标的股票。因为我们总是高价买入低价卖出，所以即使没有任何交易成本，对冲也总是有成本的，那么其价值应该是多少呢？再次运用金融学的无套利原理，由于卖出一个期权和买入一个相同的期权也能实现完美对冲，那么上述对冲成本的期望的现值应该与该期权的价格相同。

四、黑色星期一

由于认沽期权的 Gamma 为正，即（$-\Delta_p$）随着股价上升而减小，所以我们需要定期调整投资组合，当股价上升时取出银行存款买入股票组合，当股价下跌时卖出股票组合将收益存入银行。这意味着我们总是高价买入低价卖出，也就是价格上升时我们买入，价格下跌时我们卖出。如果市场上只有一小部分投资者进行买卖的话，可能影响不大，当很多人进行买卖时，买入的行为可能会让价格继续上涨，而卖出的行为会让价格继续下跌，就可能会形成反馈效应（feedback effect）。正是因为这种机制，投资组合保险的行为引发了 1987 年全球股市大崩盘，也就是著名的黑色星期一。

1987 年 10 月 14 日（周三）至 16 日（周五），股票市场大跌 10%。从理论上计算，这两种形式的投资组合保险所导致的股票组合的卖出价值至少高达 120 亿美元，但那些投资者们只来得及在交易日结束前卖出 40 亿美元的股票。特别地，在周五交易日快结束的几个小时中，价格的不断下跌使众多投资者的投资组合保险要求卖出更多的股票组合，但时间来不及了，这就给之后的工作日周一带来了巨大的股价下行压力。

布雷迪委员会报告（1988 年 1 月）将 1987 年的股市大崩盘归因于交易员用了动态对冲策略。估计有 600 亿~900 亿美元的股票资产在投资组合保险中，这大概是崩盘前市场总资本的 3%。虽然这个数字不是很大，但是 Huang、Jiang、Qiu 和 Ye（2019）的文章证明了当机构投资者在意其在行业中的排名时，投资组合保险的策略会被放大。同时，不仅可以像我们在之前介绍的那样用标的资产和无风险资产复制认沽期权，还可以用指数期货来复制认沽期权。所以那些使用投资组合保险的投资者在标普指数期货市场上也非常活跃。有些投资者每天调整组合好几次，其他大多数投资者每天调整一次。前者虽然面临较高的交易成本，但是管理风险的效果好；后者的交易成本低，但是管理风险的效果不好，特别是当股价变化很大的时候。

在 10 月 19 日的周一，股市刚开盘，股价大幅下跳，并在之后持续下跌，当日标普指数和道琼斯指数下跌超过 20%，周二交易被迫停止。同时，标普指数期货以极低的折扣大量卖出。其他投资者们预期到了投资组合保险的投资者的大规模卖出股票组合和指数期货的行为，为了避免这类行为带来的巨大损失，其他投资者也纷纷卖出股票组合和指数期货，从而加剧了价格的下跌。所以 1987 年股票市场的剧烈波动可以部分解释为内生因素，而非全部由外生因素，如宏观经济环境的变化导致的。我们将在内生性风险章节中对内生性风险的概念进行论述。

五、附录

（一） Delta 的简单推导

回顾我们之前对 Black – Scholes 期权定价公式的推导过程，由于

$$dc(S,t) = (\frac{\partial c}{\partial S}\mu S + \frac{1}{2}\frac{\partial^2 c}{\partial S^2}\sigma^2 S^2 + \frac{\partial c}{\partial t})dt + \frac{\partial c}{\partial S}\sigma S dz$$

所以，在趋于 0 的单位时间间隔内，买入一份期权和卖出 Δ 份股票所构成的投资组合是无风险的。

（二） Gamma 的简单推导

用 Taylor 二阶展开式可以较准确地衡量期权价格的变化，即

$$\Delta c = \frac{\partial c}{\partial S}\Delta S + \frac{\partial c}{\partial t}\Delta t + \frac{1}{2}\frac{\partial^2 c}{\partial S^2}\Delta S^2$$

其中，假定 $c = c(S,t)$ ，即期权价格是标的资产价格和时间的函数。我们

称 $\dfrac{\partial^2 c}{\partial S^2}$ 为 Gamma，则对于不发放股利的欧式看涨和看跌期权，在一定假设

下，依据 Black – Scholes 期权定价公式可得

$$\Gamma = \frac{N'(d_1)}{S_0 \sigma \sqrt{T}}$$

其中，

$$N'(d_1) = \frac{1}{\sqrt{2\pi}} e^{-\frac{d_1^2}{2}}$$

在每次调整后，投资组合的 Delta 为 0，所以该投资组合在调整期内的价值
变化为

$$\Delta = 0 \cdot \Delta S + \frac{\partial c}{\partial t} \Delta t + \frac{1}{2} \Gamma \cdot \Delta S^2$$

第六章　内生性风险

一、金融风险

在了解内生性风险之前，我们先看一些风险的概念。首先，什么是风险？其实这个问题不好回答，学术界对风险概念并没有达成共识，也没有一个统一的度量方式。我们在前面几章的论述，是按照专题的模式或者按照各种不同的金融产品来进行的。比如，马科维茨和夏普的贡献，我们讨论了期望方差分析，而衡量风险的指标就是方差和贝塔系数。在固定收益产品一章，很大一部分风险来自利率，[①] 而久期就是度量利率风险的指标。在期权一章，风险来自标的资产也就是股票价格的变化，因此主要风险来自股票价格的变化，用一个变量 Delta 来衡量。

在业界，我们熟知的比较著名的就是《巴塞尔协议》的规定。在市场风险方面，《巴塞尔协议》用风险价值（Value at Risk，VaR）来度量；而针对信用风险，《巴塞尔协议》用内部评级法，也就是 IRB 衡量。我们在之后的章节会对《巴塞尔协议》专门进行探讨。

不管是学术界还是业界的风险度量指标，我们在对其进行计算时，通常会有一些外生的假设。一般来讲，我们假设的是资产回报率的分布，例如 VaR，我们可能会有一个类似正态分布的假设。如果在期权定价或计算风险指标 Delta 时，我们假设股票价格是外生给定的，二叉树假设只有上下

---

① 另外一部分是信用风险，我们将在之后的章节讨论。

两种可能，而 Black – Scholes 假设的是几何布朗运动。那么这些假设是否合理呢？本章的内容就是围绕这个假设展开的。

总体来看，我们在计算风险度量模式时假设价格外生给定，也就假设整个系统不变，是外生的，不能被系统内的参与者影响。从某些角度来讲，这个假设有一些极端化。可以将这个假设弱化一些，如果系统内的人能够影响这个系统呢？那么这个外生的价格的假设也就被打破了。本章描述的就是这个假设被打破后可能发生的状况，也就是内生性风险。根据 Danielsson 和 Shin（2003）的概念，内生性风险是在系统内产生和被放大的风险。我们会在下面的章节对这个概念进行阐述。

二、英国千禧桥

在正式论述和金融相关的内生性风险之前，我们先用一个比较形象的例子作为引子。这个形象的例子是英国伦敦的千禧桥，在这个例子中我们会发现千禧桥的故事和资本市场的崩盘有诸多相似之处。

千禧桥桥长 325 米，从命名和地址上可以看出这座桥在英国的地位，因此其设计理念与之前的桥有所不同。首先，千禧桥的主体所用材料是金属，而且该桥只有两个桥墩。每一个桥墩都是 Y 形的，且没有任何的刚性大梁。从这个角度来看千禧桥是一座悬挂桥，这在当时还是比较先进的。

千禧桥在 2000 年 6 月 10 日正式对公众开放，开放的当天有盛大的典礼，女王也亲自参加。但是非常不幸，千禧桥只开放了三天就关闭了。为什么会这样呢？在开放的当天，千禧桥不停地左右摇晃，桥上连人都站不稳，在这种情况下，肯定不能开放给公众，所以就关闭了。但是关闭之后也不能不管不顾，建桥的工程师们开始寻找问题。本来觉得不会花太长时间，但工程师们整整花了 18 个月。到底发生了什么问题呢？

一个人走路时，一条腿悬空，一条腿落地，脚落地时会产生压力。如果一队士兵整齐划一地走过一座桥，他们行走的频率和桥的固有频率一致，就会产生人桥共振，而共振产生的压力超过桥的承受力时，桥就会倒塌。设计千禧桥的工程师们大多经过千锤百炼，怎么会不知道这个原理呢？可是千禧桥开放当天桥上有成千上万名的游客，在没有任何指令的情况下，他们同时抬脚的概率趋近于 0，那桥为什么会来回摆动呢？

实际上，千禧桥开放的那一天本来风和日丽，万里无云，但忽然刮起一阵风。千禧桥是悬挂桥，因此这阵风让桥身稍微向左偏移了一下。当桥向左偏移时，桥上的行人自然要调整他们的站姿，很自然地向右迈出一步。然而，当很多人同时向右迈出一步时，令桥身向右偏移，于是桥上的行人又向左迈出一步，就这样，一来二去，就出现了桥摇摆的情况。我们管这种现象叫作反馈效应。

虽然在没有外部冲击的情况下，成千上万人同时迈左脚的概率接近 0，但晴空万里，有一阵风的概率是多少？以英国的天气，这个概率几乎是 1。这就是千禧桥设计的症结所在。也就是说，自千禧桥设计好的那一天起，就注定了千禧桥会左右不停地摇摆。这个例子告诉我们，哪怕是最专业的工程师、建筑师，也会犯错误。该事件的错误就是他们忽视了在桥上的行人对桥本身的反应。

我们可以把这个例子引申到经济和金融之中，把千禧桥上的一阵风想象成一个外部冲击。就好像是 2020 年新冠肺炎疫情的冲击，又或者是原油价格下跌的冲击。把千禧桥的偏移想象成资产价格的变化，而桥上游人，可以想象为资本市场中的投资者。当一个外部冲击到来时，价格发生了变化，由于价格的变化，投资者会有所反应，而这个反应反过来又会影响价格。我们之前讨论过投资组合保险策略，资产价格下降，投资者就会卖掉资产。而投资者卖出资产的行为会让价格进一步下跌，就形成了类似千禧桥的反馈效应，这就是我们想说的内生性风险的原理。如果整个市场恐慌，投资者形成价格下降的预期，那么价格下跌，投资卖出的现象就形成了股灾。在这一章，我们用千禧桥的例子作为一个引子，来类比金融市场的崩盘。在之后的章节里，我们也会反复利用这个例子，对股票崩盘等现象进行描述。

三、1987 年股灾：黑色星期一

之前我们讨论过，1987 年股灾的主要原因是一种投资策略，叫投资组合保险。投资组合保险的实质是复制一个认沽期权。认沽期权的特性是资产价格下跌时期权有正收益。资产价格下跌的另一种模式可以是债券违约，如果有期权能在债券违约时有正收益，就好像为违约买了一份保险一样。我们熟知的 CDS（credit default swap）其实就是多个认沽期权的组合。而在投资组合保险策略的背景下，我们考虑的是一个基金经理为其掌管的基金买一份保险，该保险会在基金价格下跌时有正的收益，但还保留了基金价格上涨的可能。

虽然认沽期权作为一种保险很好，但期权的到期日和标的资产等特性可能与基金不同，因此可以通过复制一个认沽期权的方法来进行投资组合保险。图 6－1 用一个二叉树模型来展示投资组合保险的原理。

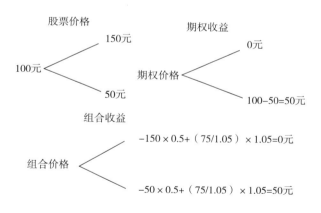

图 6－1　投资组合保险示例

假设一个认沽期权期限为 3 个月，行权价格为 100 元。我们假设股票价格今天是 100 元，3 个月后只有两种可能，或者上升到 150 元，或者下降到 50 元。当然，我们之前也讨论过，二叉树模型的假设是比较极端化的，这里用二叉树模式是想简单地说明原理。给定股票价格和期权合约，我们可以看一下认沽期权的回报。可以看出，当股票价格下跌时，期权有正的收益，此时投资者在市场上花费 50 元买下股票，然后按照期权规定，以 100 元卖出去，所得收益是 50 元。当股票价格是 150 元时，投资者不会以 100 元去卖价值 150 元的股票，因此放弃权利，收益为 0。

而投资组合保险策略需要做的就是用股票和无风险债券构建一个投资组合，这个组合的收益和期权相等。本质上这个组合和期权是相同的资产，因此应该有相同的价格，这也是当代期权定价的理论基础——无套利原则。复制的投资组合中，我们需要卖出 0.5 份的股票，出借（75/1.05）元的无风险资产，也就是现金。[①] 3 个月后，如果股票价格是 150 元，因为复制的投资组合是卖空一只股票，因此需要以 150 元的价格买一只股票还回去。然后出借的钱需要连本带息归还，也就是 75 元，因此现金流为 0。当股票价格是 50 元时，以 50 元每股的价格买回股票用于卖空头寸，这时投资组合收益是 50 元。也就是说该投资组合在股票价格为 150 元时，收益是 0 元，而在价格为 50 元时，收益是 50 元。因此，该投资组合完全复制了期权的收益。

以上例子告诉我们，如果基金经理想为其基金买一个保险，但该保险不存在，那么该基金经理就可以复制一个保险，也就是认沽期权。这里的一个参数比较重要，就是卖出 0.5 份的股票。根据之前的讨论，这个 -0.5 叫 Delta。Delta 是复制一个期权所需要买入或者卖出的股票份额。如果 Delta 为正，需要买入股票，如果 Delta 为负，需要卖出股票。根据之前的结论，Delta 可以在 Black - Scholes 期权定价模型中计算出来，而且 Delta 是随着时间的变化而变化的。因此，我们需要一个动态的复制。

Black - Scholes 期权定价模型给了我们一个完美的解析解，这个解析解是关于 5 个变量的表达式，从而可以得到，Delta 其实就这个解析解的变化率，也就是导数表达式。因此我们应用微积分的知识，很容易就可以计算出 Delta。我们知道，Delta 是随时间变化而变化的，而决定其随着股票价格的变化而变化的指标叫 Gamma，数学上的二阶导数。对于认沽期权，如

---

① 75/1.05 是考虑了时间价值的现值。

果 Gamma 为正，则 Delta 随股票价格上升而上升，随股票价格下降而下降。也就是说如果要复制一个组合的保险，那么需要股价上升时买入，股票下跌时卖出。如果执行该策略的投资者很少，可能没什么问题。但如果很多人都执行相同的策略，我们就会有类似千禧桥一样的反馈效应，从而形成危机。

图 6 - 2 描述的是黑色星期一的机制。当一个冲击到来时（千禧桥的一阵风），这个冲击是前一周股票市场下跌 10% 的作用。由于这个冲击，Delta 为负值，投资组合保险原理告诉投资者应该卖出，当很多人卖的时候，价格会下降更多，那么 Delta 的负值效应更明显，价格就会下降更多。以致产生"多米诺骨牌"效应，当整个市场都恐慌时，达成下降的预期，股灾也就到来了。这里的不确定性，应该是内生的而不是外生的。1987 年股灾的一个后果之一，就是产生了大名鼎鼎的熔断机制。不言而喻，黑色星期一的机制和千禧桥的反馈效应非常相似。

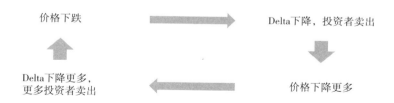

图 6 - 2　投资组合保险反馈效应原理

四、LTCM

LTCM（Long Term Capital Management）曾经是华尔街上最负盛名的对冲基金，该基金的首席经济学家是两位诺贝尔经济学奖得主 Scholes 和 Merton。Scholes 就是 Black - Scholes 公式中的 Scholes，而 Merton 是另一位把以期权为基础的连续时间资产定价模型发扬光大的经济学家。因此，在 1997 年的诺贝尔经济学奖的评选中，Scholes 和 Merton 共同获奖。①

————————————

① 可能有读者会有疑问，为什么 Black 没有获奖。很不幸，Black 在评奖的前一年去世了。

  Scholes 和 Merton 从学术界召集了一批非常专业的教授和博士生，利用他们的理论，积极在市场上寻找套利的机会。从 1994 年到 1998 年，LTCM 取得了巨大的成功，前三年有接近 40% 的回报率。LTCM 采取的策略和我们在期权定价的例子中看到的差不多，就是寻找两种相同或类似的产品，然后卖出价格被高估的（如复制期权的投资组合）产品，买入价格被低估的产品（如期权），进行市场中性套利。我们用下面的例子来说明 LTCM 的盈利模式。

  假设在 1996 年的某天，市场上有两类产品：债券 1，1986 年发行的 30 年期限的美国国债；债券 2，1996 年发行的 20 年期限的美国国债。从票面信息来看，在 1996 年，两只债券都是 20 年期限，都是美国政府发行的，如果其他特征相同的话，两只债券是相同的。1996 年发行的债券 2 由于刚刚发行，流动性很好，因此其价格会比债券 1 要高一些。因此，LTCM 会买入债券 1，卖空债券 2，等过一段时间债券 2 热度不再，多头头寸价格上涨，空头头寸价格下跌，LTCM 盈利。也就是说，LTCM 盈利的条件是价差收敛。

  我们刚才讨论了 LTCM 的策略，该策略在多头资产价格上涨、空头资产价格下跌时会产生盈利。但如果价差不收敛，他们就不赚钱，而且有可能亏钱。在 1998 年亚洲金融风暴时，很多投资者想要从 LTCM 撤资，这就造成了 LTCM 的资金链紧张，而 LTCM 也犯了几个不该犯的错误。就这样，这个当时在华尔街市值达 1000 多亿美元的超级对冲基金轰然倒塌。

  图 6-3 描述了 LTCM 倒闭的逻辑。市场上突然出现一个外部冲击，就像千禧桥的一阵风。这个冲击在现实中是俄罗斯国债的违约。据说，LTCM 当时认为像俄罗斯这样的国家一般是不会违约的，所以把俄罗斯政府的违约概率当成 0。而事实上，俄罗斯政府真的违约了。其实当时 LTCM 有 1000 多亿美元的规模，而俄罗斯国债违约只占一小部分，按道理不应该对该基金有大的影响，但当时正值亚洲金融风暴，很多投资者要撤资。这些投资者不理解 LTCM 的策略，只是看到由于俄罗斯国债违约，LTCM 的资

产负债表变差了，于是就认为 LTCM 不行了。

图6-3 LTCM 破产原理

之后，就发生了如图 6-3 所示的逻辑。当一个外部冲击到来时，LTCM 的资产负债表变差，于是部分投资者想追回投资。根据 LTCM 的持仓，只能卖掉多头资产归还投资者的钱。而当时很多对冲基金都在模仿 LTCM 的策略，于是很多人卖出多头资产，造成多头资产价格下跌。这时 LTCM 的资产负债表就变得更差了，于是更多人选择撤资，形成了一个反馈效应。就这样，一来二去，华尔街当时最庞大的对冲基金轰然倒塌。其他模仿 LTCM 基金的资产负债表也很难看，也产生挤兑和溢出效应，并导致整个市场动荡。而且如果投资者在不同国家市场有持仓的话，流动性危机会由一个市场传导至另一个市场。这就是 1998 年的 LTCM 事件。我们在对期权定价时之所以相信无套利原则，主要原因就是，市场有像 LTCM 这样的套利者积极去寻找被错误定价的资产。然而，哪怕是像 LTCM 这样的对冲基金也不是万能的套利者。Sheleifer 和 Vishny 在 1997 年发表了一篇文章，叫套利者局限，其形象地建模分析了 LTCM 倒闭的原理，并提出套利是有其局限的。

我们下面给一个套利局限的例子，也是 LTCM 的一个策略（见图 6-4）。

这个例子叫孪生股权（Twin Shares）。在 1907 年，皇家荷兰和壳牌运输（英国）按 60:40 的比例同意合并他们的股权，但仍保留分离的实体。两家公司合并后，除了在某些国家，其实是一家公司。在利润分配上，两家公司现金流按 4:6 分。根据无套利原则，一家公司的两个实体按照 40% 和 60% 进行现金流分配，那么两个实体的价格也应该是 1:1.5。但其实在很长一段时间内，这个 1.5 倍的价格关系都不成立。图 6-4 展示了这个例

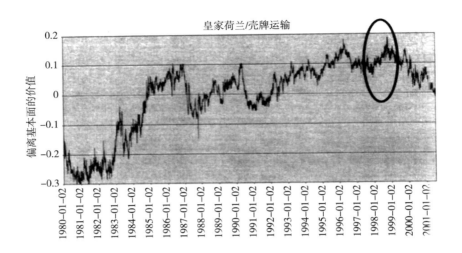

注：1980 年 1 月至 2001 年 12 月皇家荷兰/壳牌运输偏离基本面的价值，数据来自 FROOT K A，DABORA E M. How are Stock Prices Affected by the Location of Trade? ［J］. Journal of financial economice, 1999, 53（2）: 189 - 216. 由 Ken Froot 更新。

图 6 - 4　孪生股权

子，两只股票价格按 1.5 倍的比值关系，如果在 0 这一点，那么这个 1.5 倍关系是成立的。如果在上面，则皇家荷兰被高估，壳牌运输被低估，1994 年之后一直是这个情况。越往上，这个低估和高估情况就越严重，而 LTCM 已觉察到这一点，买入了壳牌运输，卖出皇家荷兰。但在 1997—1998 年，LTCM 出现了问题，投资者想要撤资，那他们只能卖出壳牌运输，也就是他们持有的资产。但卖出行为让壳牌运输的价格更加被低估，也就使这条线越来越上升。上升到顶点时，LTCM 也就破产了。讽刺的是，这其实是 LTCM 最赚钱的机会，因为价差最大。最后，从这点开始，比例慢慢回到了 1:1.5，也就是合理的范围。

另外需要提的一点是，市场上有一些是噪声交易者。虽然这些噪声交易者长期犯错，但短期内可以让价格被低估的资产价格降低（如孪生股权的例子）。如果套利者可以无限地等下去，那么套利终有一天会实现。然而，套利者是有其局限性的，例如，投资者到期清算，哪怕是有最好的套利机会，套利者也往往无法执行策略。

五、1998 年套息交易

下面讲的这个例子是 1997—1998 年发生的，叫套息交易（carry trade）。大概从 1995 年开始，投资者观察到日元持续下跌，而美元持续上升且有很强的上升预期。于是很多对冲基金开始借入日元，买入美元资产。这样，一方面因日元利率低可享受日元低成本，另一方面可获得美元升值带来的利润。这在当时是一个非常流行的策略。在 1998 年春天，1 美元大概相当于 147 日元，根据两大经济体当时的走势，很多主流媒体一直在预测 1 美元能涨到 200 日元，就连很多日本银行也都持有很多美元资产。

然而，在 1998 年 10 月 7—8 日，出现了一个外生冲击，造成美元价格下跌，一些对冲基金开始亏钱，投资者开始撤资。因为对冲基金借入的都是日元，需要卖掉美元，买入日元，因此大量的卖单让美元价格下降，致使对冲基金亏更多的钱，资产负债表变得更难看，投资者继续撤资。这是一个和 LTCM 一样逻辑的反馈效应，图 6 - 5 给出了这一逻辑。

图 6 - 5 套息交易原理

六、2008 年美国次贷危机

从 2000 年开始到 2007 年，美国的房价先升后降，在 2008 年达到顶峰，然后房价一路下滑，引起大量以房价为标的资产的信用衍生品违约。①
2008 年国际金融危机的决定因素就是房价，而房价和其他价格一样都是由需求和供给决定的。2008 年之前的房价上涨也是由需求的增加所造成的，

---

① 似乎每一次经济危机都有房价先升后降的情况。

当时美联储的低利率政策及当时美国的婴儿潮都是需求增加的原因。而对于房地产而言，一般需求会先于供给增加，从而令房价形成上升预期。而上升的预期会令信贷继续扩张，然后需求继续增加。在形成房价上涨预期时，会出现信用差、还贷能力不强的购房者。

次级贷（subprime），一般来说就是发放给信用没那么好、还贷能力不强的贷款者的贷款。但事实上美国这些次贷的购房者可能会更夸张 很多次贷者不需要任何背景审查，只要有购房的意愿就可以。而且在现实中出现了千奇百怪的贷款者，很多人根本还不起贷款，甚至流浪汉都有可能拿到房贷。很多贷款不需要付任何首付，前五年只付利息。还有120%的贷款，多出的20%用来付首付。另外，如果贷款期间房子升值，升值部分也可以抵押，然后用抵押的钱还贷款。这些贷款，违约成本很低。次贷的购房者本来就没有什么可以失去的，所以根本不怕违约。

可为什么金融机构会愿意给这些人贷款呢？主要原因是不怕违约。事实上只要房价上涨，购房者是不可能违约的，因为增值部分总是可以还贷款的。所以如果市场预期房价上涨，金融机构就敢放更多房贷，从而造成更多需求，那么房价就真的上涨，预期也再一次上调。原理如图6－6所示。

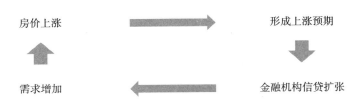

图6－6 次贷危机房价上涨原理

刚才说过，房地产的供给会有一定滞后性，因为房子需要一定的建筑时间。那么当房产供给足够多，房价下跌时，会发生什么情况呢？首先，次级贷借款者马上违约，因为这些人根本还不起贷款。次级贷款者违约后，银行收回房子，供给增加，房价下跌。当房价下跌到一定程度时，优质客户也违约了。然后，银行继续收回房产，房产供给继续增加。原理如图6－7所示。

图 6 - 7　次贷危机房价下跌原理

在 2008 年，当时有 1800 万套住房被银行收了回去，而且当时很多基金买入次级债。因为次级债收益高，违约率低，只要有房价上涨的预期，这其实就是非常好的投资。但当时也不是所有人都看多房地产市场，著名的投资人约翰·保尔森就放出了 250 亿美元空单在次级债券上。

七、2015 年中国股市异常波动

我们将应用内生性风险原理对 2015 年中国股票市场的异常波动进行分析。图 6 - 8 给出了中国 2015 年股市异常波动时的走势图。

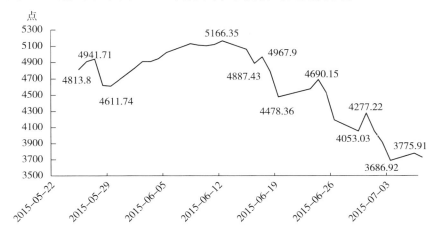

图 6 - 8　2015 年上证指数

从图 6 - 8 中可以看出，2015 年 6 月 12 日之后的三周内，中国股市从 5200 点左右一路下降到 3400 点。在 2014 年到 2015 年的牛市中，高杠杆交易，也就是配资，是这次牛市的主要原因。而在配资时，除了券商的正常融资融券，还有场外配资，场外配资最高可达 10 倍。因为配资的存在，股市上涨速度极快。当时的配资是没有抵押的，但配资方有一套系统　并用账号登录，并在亏完本金后可以将账户强行平仓。比如，一名投资者有10万元本金，可以通过配资融入100万元。那么此时该投资者共有资金110万元，但投资亏损达10万元时，配资方打电话追加投资。如果投资者不追加，那么其账户会被强行平仓（见图6-9）。

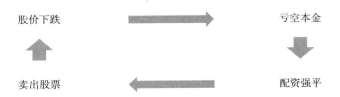

图6-9　2015年股市异常波动原理

从图6-9中可以看出，配资强平的逻辑和投资组合保险很像，都是价格下跌引发卖单。

2015年股市异常波动的另外一个因素是公募基金赎回，该因素和LTCM很像。而且我国股市还有一个跌停制度，这个制度在一定程度上放大了反馈效应。跌停让资产的流动性枯竭。在投资者面临配资强平时，如果没有跌停制度，投资者可能还可以卖出手中流动性好的资产，缓解一下平仓压力。但都跌停了，没钱追加，只能看着平仓了。

公募基金赎回也是如此，如果想要的流动性都没有了，股票之间的非流动性也就相互传导。中国股市在2015年时遭遇千股跌停、千股停牌，完全没有流动性。而且当时很多人对股指期货颇有微词，监管也对股指期货的交易进行了限制。很多人对期货的批评是关于交易制度上的。然而，除去这些问题之外，期货还有一个功能是对冲。本来一个金融机构可以承受持仓2000万元的股票，但需要做空股指期货来对冲一些风险。但是在股指期货被限制后，现在不能对冲多头头寸了，那么这个金融机构可能就不能持有2000万元头寸了，需要卖掉很多股票。

2020年的新冠肺炎疫情对股市也有很强的影响，在不到两周的时间内，道琼斯指数4次熔断。

图 6 – 10 是 2020 年道琼斯工业指数的日线图，其实和 2015 年中国股指的走势很像。虽然没有数据做更详尽的分析，但很多逻辑是相通的。

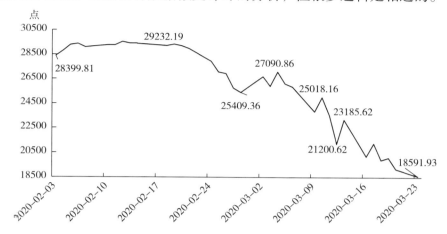

图 6 – 10 2020 年道琼斯工业指数

第七章　风险价值

风险的度量是基于市场价格，因此也叫作市场风险。从监管的角度出发，在《巴塞尔协议Ⅱ》中，大型国际金融机构被要求持有足够的资本来应对市场风险，而市场风险的衡量指标就是风险价值（Value at Risk，VaR）。对资本金的运算，还要考虑信用风险和操作风险，这都是《巴塞尔协议Ⅱ》规定的内容。关于《巴塞尔协议Ⅱ》的具体内容，本书后面有专门的章节进行分析，在本章中，我们主要讨论风险价值作为一种风险度量模式的性质。

在《巴塞尔协议Ⅱ》中，根据风险价值计算出来的资产为

$$K \times VaR + SRC$$

其中，VaR 是风险价值，是指在99%的置信水平下，未来10个交易日或者两周内的最大可能损失。《巴塞尔协议Ⅱ》对风险价值有诸多规定。首先，规定金融机构当天持有的资产是前一天的风险价值和过去60个交易日的平均风险价值中较大的值。其次，规定估计风险价值时的观察期有至少一年的数据，且数据至少每个季度更新一次。最后，风险价值前面的乘数有一个 K，设计该乘数的目的是调整估计风险价值时可能的误差，其最小值是3。那么，我们为什么会有风险价值这样一个度量风险的指标呢？为什么《巴塞尔协议Ⅱ》会对风险价值的估计有这么多的规定呢？本章内容将回答这些问题。

一、风险价值概述

风险价值是指在一定的持有期和置信水平下，利率、汇率等市场风险

要素的变化可能对资产价值造成的最大损失。风险价值最早是由 J. P. 摩根公司提出的，其目的是用一个数字来描绘公司的风险状况。因此，风险价值本身是一个描述损失的数字。这个数字是在一段时间内，有某个概率的可能性发生。这些要素决定了风险价值。在数学上，风险价值可以使用统计语言表述如下：

$$Pr\{W < W_0 - VaR\} \leqslant 1 - c$$

或者

$$Pr\{y < VaR\} \leqslant 1 - c$$

如果我们用风险价值来衡量一个金融资产投资组合的风险，那么在第一种表达方式中，W_0 代表投资组合的基本或者期望价值，而 W 代表实际价值。此时风险价值 VaR 为正值，代表投资组合的损失。而在第二种表达方式中，y 代表收益或损失，此时风险价值 VaR 可以为负值。另外，在两个表达式中都有置信水平 c，一般来讲 $c = 1\%$。给定这些信息，风险价值代表我们确定在未来的一段时间内有 99% 的可能性投资组合的损失不会超过 VaR。在数学上，其实风险价值就是分布上的一个点，如图 7 - 1 所示。

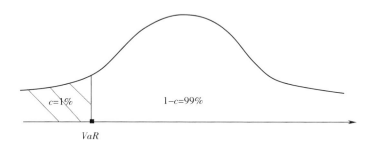

图 7 - 1 风险价值图示

假设商业银行某外汇交易头寸在持有期为 1 天、置信水平为 99% 的情况下，其 VaR 值经过计算为 1 万美元，则意味着该外汇头寸在次日交易中，有 99% 的可能性其损失不会超过 1 万美元。

风险价值 VaR 值需要采用一定的估计方法，一般涉及两个重要因素的选取：置信水平和持有期。这两个因素的选择会影响风险价值 VaR 的估计结果。一般来说，置信水平越严格，对于同一个资产而言，其风险价值 VaR 就可能越大，而《巴塞尔协议 Ⅱ》的规定是 99%。另外，时间段 T 的选择因不同的金融机构而不同。对于银行而言，交易账户的头寸变动非常频繁，因此有必要按天来计算 VaR。但是对于养老基金而言，它们投资交易的行为不频繁，损失和收益的发生并不活跃，可以按月来计算 VaR。

对于风险价值的估计可以根据现实中的交易数据，很多时候会应用正态分布的假设。而我们前几章所讨论的久期和期权的 Delta 等风险度量模式，也可以作为风险价值的估计方法，我们对这几种方法分别进行讨论。

（一）正态分布

正态分布是我们在估计风险价值过程中经常用的一个假设，在数据量足够大时，根据中心极限定理，我们可以假设资产回报率的分布趋向正态分布。[①] 正态分布的假设让风险价值的估计变得简单，也是现实中最常用的做法。我们用以下的例子说明。

如果我们有一个投资组合，并且该投资组合的收益率服从均值为 0、方差为 σ^2 的正态分布，那么一天的 VaR 可以估计为

$$VaR = 2.33 \times \sigma \times \prod$$

其中，$\prod$ 是投资组合的价值；2.33 是标准正态分布在 99% 时所对应的值。在正态分布的假设下，VaR 的估计就变得非常简单。如果我们拥有两个权重不同的资产，则 VaR 是多少？这需要用到我们在期望—方差章节中的知识，利用相关系数计算出由两个资产组成的投资组合的方差，然后应用该方差计算出风险价值。

（二）久期

我们在估计收益章节中，应用久期来衡量利率变化所带来的风险。久

---

① 中心极限定理指的是如果有很多相互独立的随机因素，且每个因素所产生的影响都很微小时，总的影响可以认为是服从正态分布的。

期衡量的是利率有微小的变化时债券价格的变化率。因此，我们可以通过久期来计算债券投资组合的损益，然后通过正态分布的假设计算 VaR。我们用以下例子说明具体计算的方法。

假设某一国债下一年收益率服从均值为 5%、标准差为 0.2% 正态分布，且债券的麦考利久期是 25 年，如果持有 100 亿元，当年收益率为 5% 的该债券，其 99% 的 VaR 是多少？

答案：该国债的风险价值：

$$VaR = 2.33 \times 0.002 \times \frac{25}{1.05} \times 100 = 11.1 （亿元）$$

在以上计算中，我们应用的正态分布 99% 是 2.33 这个值，然后利用修正久期 $\frac{25}{1.05}$，估计出该国债收益率的波动性 $0.002 \times \frac{25}{1.05}$，最后计算出风险价值。如果是一个国债的投资组合，我们采用投资组合的久期进行计算。[①]

（三）期权和 Delta

期权的计算和久期类似。在久期中，我们应用修正久期估计波动性，而在期权中，我们用 Delta 来估计波动性。首先，我们已知期权的 Detla 为

$$\Delta = \frac{\partial f}{\partial S}$$

则一个期权的投资可能损失为

$$dV = \Delta dS$$

我们还是假设服从正态分布，则风险价值为

$$VaR_V = |\Delta| VaR_s = 2.33 \times |\Delta| \times \sigma_S \times S_0 \qquad (7-1)$$

此处和久期估计略有不同，主要是因为久期代表的是收益率随利率变化的变化率，而 Delta 代表的是一个期权随标的资产变化的变化率，二者基础单位不同。

---

① 关于投资组合的久期的讨论，请读者参照利率风险章节。

二、风险价值上界

在《巴塞尔协议Ⅱ》的规定中，风险价值前面的乘数有一个 κ，而该乘数最小值是 3。那么为什么要设计这样一个乘数呢？该乘数最小值是 3，这个数字又是从何而来呢？《巴塞尔协议Ⅱ》设计该乘数的目的是调整估计风险价值时可能的误差。在之前的论述中，我们发现正态分布的假设在风险价值中非常重要。但正态分布的假设一定正确吗？资本市场中的资产收益率一定都服从正态分布吗？答案显然是否定的。[①] 如果正态分布的假设是有问题的，那如何进行补救呢？这个乘数 κ 就起到了这样一个作用。

事实上，在数学上风险价值是存在一个上界的，也就是说，不管我们假设基础分部是什么，VaR 都不可能超过这个上界。给出这个上界之后，只要假设基础资产服从存在方差的对称分布，那么哪怕正态分布的假设是完全错误的，也不会造成特别坏的结果。通过数学推导，我们可以得到 VaR 上界是 VaR^*，具体表达式为

$$VaR \leqslant VaR^* = \frac{\sigma}{\sqrt{2(1-c)}} \qquad (7-2)$$

以上公式的证明需要利用切比雪夫不等式的知识，我们会在本章附录中给出推导过程，正文中不做详细论述。VaR 的上界只与置信区间和标准差相关，而《巴塞尔协议Ⅱ》规定置信区间 $c = 0.99$，代入公式，我们得到 $VaR \leqslant 7.1\sigma$。也就是说，VaR 的上界是 7.1σ，只要我们把 VaR 取到上界，就可以克服正态分布假设可能是错误的所带来的误差。当我们假设正态分布时，风险价值 $VaR = 2.33\sigma$，而这和上界 7.1σ 大概是 3 倍的关系，这也就是 $\kappa = 3$ 的由来。

三、一致性风险度量

《巴塞尔协议Ⅱ》对应用风险价值度量市场风险的规定影响深远，这

[①] 事实上，很多学术论文发现股票市场上资产的分布有尖峰厚尾的特征，不符合正态分布的假设。

意味着大型的国际金融机构都要遵守这种规定。然而，VaR 作为一个风险度量模式是完美的吗？这一问题的答案并没有在学术界达成一致。Artzner、Delbaen、Eber 和 Heath（1999）对风险度量指标的特性进行探讨，并提出一致性风险度量模式（coherent risk measure）的概念。他们提出，对于某一风险度量 ρ（W），其中 W 是随机变量，如果 ρ（W）是一致性风险度量模式，那么 ρ（W）必须满足以下性质。

（1）单调性（monotonicity）：若 $W_1 \leqslant W_2$，则 ρ（W_1）$\geqslant \rho$（W_2）。此处所说的 $W_1 \leqslant W_2$ 不是期望的概念，而是在所有可能发生的情况下，W_2 作为一个投资组合，收益都比 W_1 小，那么在这种情况下，W_2 的风险更小，这一点要反映在风险度量指标 ρ（W）上。

（2）平移不变性（translation invariance）或者无风险资产条件：ρ（$W + k$）$= \rho$（W）$- k$。在这一特性中，k 是常数，可以想象为无风险资产。那么这一特性说的是，无风险资产不改变投资组合的风险。

（3）齐次性（homogeneity）：$bW = b\rho$（W）。这一特征说的是，如果我们把投到相同资产上的投资加倍，那么风险也加倍。比如说买入 200 股中国银行股票的风险是买入 100 股风险的 2 倍。

（4）次可加性（sub - additivity）：我们希望风险能够分散化，因此 ρ（$A + B$）$\leqslant \rho$（A）$+ \rho$（B）。这一特征和期望—方差章节所讲相吻合，说的是不要把鸡蛋都放在一个篮子里，多持有一些股票可以分散风险。

Artzner、Delbaen、Eber 和 Heath（1999）给出一致性风险指标的条件后，又对 VaR 进行了分析。他们发现，VaR 满足单调性、平移不变形和齐次性，但不满足次可加性。也就是说，VaR 可能不能表示风险分散的特征，甚至可能会给出相反结果。为了更好地给予说明，我们来看下面的例题。[①]

例题：有两笔金额为 1000 万元、期限为 1 年期的贷款，每笔贷款违约的可能性都是 1.25%。如果其中一笔贷款发生了违约，则贷款的收回率服从 0～100% 的均匀分布。如果该贷款没有发生违约，则可以正常收到利息

———————————

① 以下例子来源于 Hull（2007）。

20 万元。简单起见，我们假设如果一笔贷款违约，则另一笔贷款一定不会发生违约。

1. 如果仅仅持有其中一笔贷款，则其 99% 的 VaR 是多少？

2. 如果同时持有两笔贷款，则其 99% 的 VaR 是多少？

答案：

1. 当持有一笔贷款时，一年期限 99% 的 VaR 为 200 万元。因为一笔贷款有 1.25% 的概率违约，而贷款的收回率服从 0 ~ 100% 的均匀分布。99% 的 VaR 需要找分布上 1% 的一点，1% 占 1.25% 的 80%，因此 99% 的 VaR 为 200 万元。

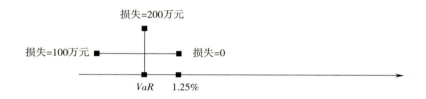

图 7 - 2   风险价值计算例题图示一

2. 如果同时持有两笔贷款。如果一笔贷款违约，则贷款违约的概率为 2.5%，而贷款的收回率还是服从 0 ~ 100% 的均匀分布。此时分布上 1% 的一点占 2.5% 的 40%。在均匀分布上占 40% 的一点为 600 万元，减去一笔贷款不违约的利息 20 万元，99% 的 VaR 为 580 万元。

图 7 - 3   风险价值计算例题图示二

从以上的例子中，我们发现两个贷款放在一起的 VaR 为 580 万元，要大于单独持有两笔贷款的 VaR 之和 200 + 200 = 400（万元）。因此，这个例子说明，用 VaR 来度量风险时，两笔贷款在一起风险更大，不能起到风险分散的作用，不满足次可加性。

四、期望损失

既然 VaR 不满足次可加性，不满足一致性风险度量模式，那么有没有比 VaR 更好的可以满足次可加性的一致性风险度量指标呢？期望损失（Expected Shortfall，ES）就作为一种更好的风险度量模式被提出来。可以证明，期望损失满足一致性风险度量的四个条件，尤其是满足次可加性。Basak 和 Shapiro（2001）指出，在资产定价的框架下，相较于风险价值，期望损失是更好的风险度量模式。Huang、Jiang、Qiu 和 Ye（2019）也在资产管理的背景下分别讨论了两种风险度量模式的优缺点。总体来看，期望损失在概念上是更好的风险度量模式，但在实际应用中存在一些短板。

风险价值和期望损失的概念存在显著区别。期望损失回答的问题是"在风险价值被触发的情况下，损失期望值有多大"，即某个时间段的损失超出某个值的情况下，损失的期望值。而 VaR 度量了某种置信水平下的最大损失是多少，但对于"更糟情况"下的损失则不予关注。针对两个投资组合，我们可能会得到相同的 VaR，但一个组合的期望损失会远远大于另一个，如图 7-4 所示：

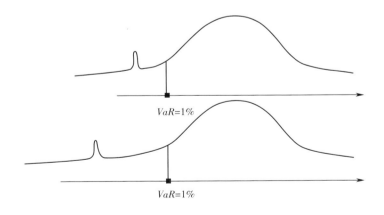

图 7-4　风险价值可能出现的误差

从图 7-4 中可以看到，第二个投资组合的期望损失远远大于第一个投资组合，但两个投资组合有相同的 VaR。在这种情况下，期望损矢是比 VaR 更好的风险度量指标。如果我们假设某个资产组合在某段时间内有 99.1% 的可能性损失小于 100 万元，而有 0.9% 的可能性损失为 5000 万元，但此时 99% 水平下的 VaR 仅为 100 万元，说明在 1% 以内遭受巨额损失的风险没有被考虑在内。如果应用期望损失，则可以规避上述问题。在上述例子中，如果 $T=10$ 天，$1-c=99\%$，则期望损失为 4510 万元，即这个资产组合损失超过 $VaR=100$ 万元的平均损失为 4510 万元。期望损失公式如下：

$$ES = E[x \mid x \geqslant VaR] = \frac{1}{F(VaR)} \int_{-\infty}^{VaR} xf(x)\,\mathrm{d}x \qquad (7-3)$$

为了更直观地理解期望损失，我们继续用上一节的例子，讨论期望损失的优缺点。

我们继续以上一节中的两笔贷款为例计算两种情况下的期望损失。在第一种情况下，VaR 是 200 万元，那么在 VaR 被触发的情况下，均匀分布变成了从 200 万元到 1000 万元，则均值为 600 万元。在两笔贷款放在一起的情况下，VaR 为 580 万元，而最大值为 980 万元，[①] 也是均匀分布，因此均值是 780 万元。

从以上例子可以看出，780 万元小于 600 万元 + 600 万元 = 1200 万元，因此期望损失满足次可加性。从一致性风险度量模式上来看，期望损失是比风险价值更好的风险度量模式。

五、VaR 的事后检验

当我们有了风险度量指标之后，下一个任务就是如何来评估该指示的有效性。事后检验（back testing）就是用来检验风险预测的准确性的一种方法。然而，事后检验只能观察到风险模型的缺陷，却无法查明其原因。

[①] 因为一笔贷款违约，另外一笔一定不违约，所以最大损失是 1000 万元减去利息 20 万元，为 980 万元。

如果想准确知道风险预测不准确的原因，就需要对模型本身进行分析。VaR 的事后检验包括记录一天中的损失超过 1 天期的 99% 置信区间的 VaR 的频率。事后检验也需要进行评估，而评估的关键在于偏离率（violation ratios），其定义为实际偏离与预期偏离之比：

$$VR = \frac{实际偏离}{预期偏离}$$

其中，预期偏离是指在给定置信区间的 VaR 上，从模型上预期会有多少损失超过 VaR 值。例如，有 5000 个数据，如果考虑 99% 的 VaR 的话，模型预期值应该是 50 个偏离值。而实际偏离是指现实发生的损失有多少超过 VaR。一个是预期值，一个是实际值，因此从偏离率的结果我们可以知道风险模型预测是否准确。一般来说，如果 $VR > 1$，则模型低估了风险；如果 $VR < 1$，则模型高估了风险。

假设我们有 2000 个历史数据，并利用这 2000 个数据对 VaR 模型进行事后检验，具体包括以下步骤：

第一步：利用第 1 ~ 500 个数据得到 VaR（1）；

第二步：利用第 2 ~ 501 个数据得到 VaR（2）；

第三步：利用第 3 ~ 502 个数据得到 VaR（3）；

……

利用上面的估计方法，我们得到 1500 个 VaR 的估计值，如果我们考虑的是 99% 的 VaR，那么预期偏离值应该是 15 个。如果实际只有 10 个偏离，则 $VR = 2/3$，我们可以得出结论：该模型高估了风险。

之前我们提到，期望损失在概念上是比风险价值更好的风险度量指标。但为什么期望损失在实际中的应用很少呢？这是因为期望损失的事后检验有些困难，主要是因为数据量不足。以上面我们提到的 VaR 事后检验为例，在该例中，我们用了 2000 个数据，大概是 8 年的交易数据。[①] 这 2000 个数据，预期偏离值只有 15 个，而预期损失的计算是在 VaR 被触发的条

① 如果只考虑交易日的话，每年的交易日为 252 个，那么 2000 个交易日大概需 8 年。

件下计算的期望。如果只有 15 个观察值，可能计算一个期望损失都略显数据不足，如果用 150 个观察值，就需要 80 年的数据，而且只能计算一个期望损失。而 80 年前的数据对估计今天的指标是否合适本身就是一个问题。因此，对于期望损失来说，其估计过程中，数据量是一个大问题。

六、VaR 的估计方法

计算单个交易或资产的 VaR 可以分为两步。首先，我们需要获得关于资产价值或收益率在未来的概率分布。其次，在已知分布函数的情况下，我们就可以根据一定的置信水平（如 99%）直接计算出最大损失金额。如果分布未知，则需要通过一定的方法求得或模拟其分布。这些方法包括历史模拟法、蒙特卡洛模拟法和方差—协方差法（或参数 VaR 法）。以下是关于几种方法的概述。

（1）历史模拟法假设历史可以重复发生，用历史数据模拟真实的分布，然后在分布上选出 VaR 的点。

（2）蒙特卡洛模拟法假设资产组合价格的变化服从某个随机过程（如几何布朗运动）。根据该随机过程多次模拟生成价格序列，如 10000 次，然后根据生成价格统计每次生成的终值，即可生成一个分布，再与历史模拟法类似地找出 VaR。

（3）参数 VaR 法假定资产价格或收益率服从某种已知的分布，如正态分布，然后根据分布的参数，如均值、方差等直接计算出 VaR。对于正态分布 $N(\mu, \sigma^2)$ 而言，在 99% 置信水平下的左侧分位数近似等于 $u - 2.33\sigma$。当同一个资产或交易被放大 k 倍时，相应的风险价值 VaR 也会扩大 k 倍。在风险管理领域，当两个或多个不同的风险资产进行合并时，往往具有分散风险的作用，但是交易组合合并后的风险价值 VaR 的计算可能还会大于原先分散交易的 VaR 总和。这就是之前我们讨论过的 VaR 作为风险度量模式的一些缺陷。

事实上，计算 VaR 的方法很多，还有一些应用了统计学上的高级理论［如极值理论（Extreme Value Theory，EVT）］。然而，在现实中，我们通常会采用一些相对简单的方法。下面我们重点讲述两种常用的方法。

（一）历史模拟法

历史模拟法假设历史会不断地重复，用历史数据对将来的风险进行预测。历史模拟法通过历史数据找到过去的价格或收益率分布情况，将该分布直接应用于目前的投资，作为下一个时期投资可能面临的收益分布。历史模拟法应该是估计 VaR 的最简单的方法之一，我们用下面的例子来说明其应用。

假设我们从 1999 年初开始持有价值 1000 万元的资产，并想要用历史模拟法来计算 1999 年第一天的 VaR。以下是历史模拟法的估计步骤：

第一，选择一个数据样本，如一年期的损益情况。例如，1998 年有250 天的日收益率。

第二，将收益率转化为损益。

第三，将损益从小到大排序。

第四，直接读出 VaR。例如，99% 的 VaR 是分布上的一个点，也就是第 2.5 个损益。而第 2.5 个损益不存在，选择第三个损益。

第五，用第三个损益乘以投资组合初值得到 99% 的 VaR。

总之，历史模拟法就是把历史数据当作一个分布，然后在分布上旋转VaR 的点。如果我们有多个资产，则构造历史投资组合收益率，步骤与计算单个资产 VaR 一致。

（二）移动算术平均和 EWMA

在之前的 VaR 估计中，我们经常假设正态分布，而其中一个需要用的参数就是方差（或标准差）。虽然在计算中，我们经常假设方差为已知量，但事实上，方差是需要应用数学方法进行分析的。例如，给定数据在窗口 T 内，我们可以简单地利用移动算术平均法来计算方差和协方差：

$$\sigma_t^2 = \frac{1}{T} \sum_{i=1}^{T} r_{t-i}^2$$

$$\sigma_{12,t} = \frac{1}{T} \sum_{i=1}^{T} r_{1,t-i} r_{2,t-i}$$

另外一种方法叫 EWMA 模型，该模型是根据 RiskMetrics 提出的，[①] 主要应用于对历史测量值赋权重，对现在 t 时刻的数值做估计：

$$\sigma_t^2 = \lambda \sigma_{t-1}^2 + (1 - \lambda) r_{t-1}^2$$

$$\sigma_{12,t} = \lambda \sigma_{12,t-1} + (1 - \lambda) r_{1,t-1} r_{2,t-1}$$

t 时刻的方差是由 $t-1$ 时刻的方差和 $t-1$ 时刻的回报率决定的，这类方差也叫条件方差。RiskMetrics 对参数 λ 进行了估计：对于日收益而言，$\lambda = 0.94$；而对于月收益率而言，$\lambda = 0.97$。事实上，EWMA 是诺贝尔奖得主 Robert Engle 在 1982 年提出的 ARCH（或 GARCH）模型的一个特殊情况。

七、附录

在这部分，我们将证明 VaR 的上界。

假设存在某个数 $a > 0$，令 W_* 和 W^*（$W_* < W^*$）是以下公式的两个解：

$$\left(\frac{W - E(W)}{\sigma} \right) = a^2$$

我们构造一个关于 W 的函数 $g(W)$，表达式为

$$g(W) = \begin{cases} 1 & W > W^* \\ 0 & W_* \leqslant W \leqslant W^* \\ 1 & W < W_* \end{cases}$$

给定 $g(W)$ 的表达式，我们可以进行如下计算：

$$\left(\frac{W - E(W)}{\sigma} \right)^2 \geqslant a^2 g(W)$$

$$E \left(\frac{W - E(W)}{\sigma} \right)^2 \geqslant a^2 E g(W)$$

---

① RiskMetric 是 JP Morgan 的一部分。

$$1 \geqslant 2\, a^2 Pr[\, W \leqslant W_* \text{ 或 } W \geqslant W^*\,]$$

根据 W 的对称性，我们得到

$$1 \geqslant 2\, a^2 Pr[\, W \leqslant W_*\,] = 2\, a^2 Pr[\, W \leqslant E(W) - a\sigma\,]$$

因此，我们得到

$$Pr[\, W \leqslant E(W) - a\sigma\,] = \frac{1}{2\, a^2}$$

这就是著名的切比雪夫不等式。

可以看到，切比雪夫不等式和 VaR 表达式一致，那么根据 VaR 的表达式，我们得到

$$1 - c = \frac{1}{2\, a^2}$$

$$a = \frac{1}{\sqrt{2(1-c)}}$$

根据 VaR 定义：

$$Pr\{\, W < W_0 - VaR^*\,\} = 1 - c$$

对于任何大于 $a\sigma$ 的 VaR，上述关系成立。

由于该原因，VaR 的上界就是 $a\sigma = \dfrac{\sigma}{\sqrt{2(1-c)}}$。因此，我们得到

$$VaR \leqslant VaR^* = \frac{\sigma}{\sqrt{2(1-c)}}$$

第八章　信用风险

一、信用风险概述

信用风险又叫违约风险，指的是交易对手方在权利义务到期时不履行到期债务的风险。在之前的章节中，我们讨论了固定收益产品，也就是国债。在国债中，我们不考虑信用风险，只考虑利率风险，主要原因是我们认为强有力的主权国家一般不会违约。事实上，不同发行主体的债券，类似公司债等常见债券，违约是很常见的。因此，对于债务类产品，信用风险非常重要。

一般来说，在分析信用风险时，我们会主要关注两部分：一是给定时间内的违约概率；二是违约情况下的回收率（recovery rate）或者是在违约时的损失（loss given default，LGD）。这里所说的违约概率包括我们前面所讨论的风险中性概率和真实世界中的概率。[①] 当应用违约概率来描述现实世界时，我们使用真实世界中的概率；而当主要目的是为信用产品进行定价时，我们使用风险中性概率。另外一个重要因素就是当违约发生时，具体的损失是多少。

对于信用风险的度量，在方法上存在一些挑战。当违约不发生时，债券其实是无风险的国债，那么收益就是固定的利息。而当违约发生时，有违约风险的债券可能损失所有本金。因此信用风险有上界，但有巨大的下

---

① 关于风险中性概率，读者可以参考期权定价章节。

行空间。在前面我们分析的大部分是市场风险，有大量的交易数据，因此经常应用正态分布的假设。[①] 但在数学上，信用风险的特征决定了信用回报率是偏态、厚尾分布的，因此假设正态分布并不合理。另外，违约事件的市场交易不同，不是频繁发生的事件。因此，衡量信用风险更多地依靠模型，而不是大量的交易数据。

在传统的信用风险模型中，我们主要有三种常用的方法：评级模型、结构模型（KMV 模型）和简约模型。我们将对这三种方法进行论述。简约模型需要更为复杂的数学模型，在本章我们只用一小节进行论述，不讨论其数学推导。

（一）评级模型

评级模型是基于一定时间内债券信用评级变化，根据评级公司所给出的信用转移矩阵（transition matrix）对债券进行分析的一种方法。评级公司通常会估计在给定的时间内，从一个信用水平转移到另一个信用水平（信用评级）的概率，包括违约概率。同时，我们又可以计算出下一时期不同信用评级的债券的价格，因此也就知道了债券价格变化的分布。基于之前讨论的《巴塞尔协议》中 VaR 的计算，其实只需要分布中的一点就可以。因此，当我们知道债券价格的分布，就可以得出类似 VaR 的信用风险的概念。

评级模型依赖评级机构的信用评级，因此其假设评级机构的所有数据都是准确无误的。评级机构主要提供各个公司债的评级和信用转移矩阵，因此评级模型假设评级机构的分类和转移概率包含了所有信息。也就是说，所有公司在同一个分类下是相同的，例如，A 公司和 B 公司都有 AA 级的评级，那么这两个公司就完全一样，只要该评级不变，A 公司和 B 公司的具体数据的变化对信用风险就没有影响。同时，信用转移矩阵的固定意味着信用评级不会随着经济周期而调整。[②] 这一方法是 1997 年 4 月由 J. P.

---

① 例如，利率风险、期权定价等。
② Tom Wilson（1997）放松了这个假设，并提出违约概率是关于宏观变量的函数。

摩根银行提出的，是第一个用于度量组合信用风险的模型，这一系统属于"从上至下"方法，其中信用风险是由债券信用级别的变化通过信用转移矩阵引起的。

（二）结构模型（KMV 模型）

在评级模型中，在同一信用等级下的所有公司的信用风险都相同，和公司的具体信息变化无关。这一假设可以简化模型的分析，增强应用性。但是，现实中我们经常观察到的是公司的信用风险和其具体财务状况高度相关，而这一点在评级模型中没有得到体现。本章我们介绍结构模型，该模型应用公司的具体财务信息估计了每个公司债发行者的预期违约频率（expected default frequency）。该模型的基本原理是基于 Merton（1974）模型，将公司的股权价值视为对该公司资产价值的一个认购期权，而将公司债务看成一个公司资产假设的认沽期权和无风险债券的投资组合。

根据 Merton 模型的推论，KMV 公司将模型简化，并应用于业界，因此该模型叫作 KMV 模型。

在 KMV 模型中，违约的主要驱动因子为股票价格水平、杠杆水平、资产价值的波动率。股票价格越低，杠杆水平越高且资产波动率越高都会降低违约距离的度量。KMV 模型应用公司的具体财务信息报告估计出违约概率。在估计过程中，估计违约概率是以实际违约数据为基础的，因此对违约概率的估计结果比较客观。

如果是多资产的情况，KMV 模型通过债务人的股票价格生成违约相关性。首先，资产价值的收益率是根据债务人股权和负债的价值计算得到的。其次，这些收益率根据宏观经济因子、国家和行业指数进行回归。最后，该因子模型用来生成代表债务人资产价值的联合分布随机变量，同样适用于标准正态 Copula。在考虑资产组合时，该模型认为同一个行业的公司拥有更高的违约相关性。多资产的违约概率模型也是《巴塞尔协议》中内部评级法的基础，在本书中，我们不做论述。

与评级模型相比，KMV 模型有其优点。首先，KMV 模型是一个动态模型，将借款公司的股价信息和财务信息转换成信用信息，因此对借款公司质量的变化比较敏感。其次，在估计过程中，市场信息也被反映在模型当中，具有一定的前瞻性，模型的预测能力较强。KMV 模型也有一定的缺点：着重于违约预测，忽视信用等级的变化，适用于评估与企业资产价值直接联系的信贷资产的风险；模型适用于上市公司的信用风险评估，而我国股票市场并非有效市场，股票价格与实际价值常常背离，模型预测精确性受到影响。

（三）简约模型

简约模型（reduced form models）是瑞士信贷集团（Credit Suisse）于1997 年 10 月公布的，是在纯粹的精算统计方法的基础上建立起来的。模型中只考虑两种事件状态：违约或不违约。因为违约事件本身就可以作为一种随机过程进行建模分析，我们应用泊松过程。在泊松过程中，只需要估计一个参数，因此应用比较简单，所以成为信用衍生品定价的基础。简约模型利用外生的违约强度过程来构建违约模型，模型假定任意某个外生的回收率，从信用利差得到违约概率的期限结构。

简约模型的主要优势体现在：易于求出债券及其组合的损失概率和边际风险分布；模型集中于违约分析，所需估计变量很少，只需要违约和风险暴露的分布即可；该模型处理能力很强，可以处理数万个不同地区、不同部门、不同时限等不同类型的风险暴露；根据组合价值的损失分布函数可以直接计算组合的预期损失和非预期损失的值，比较简便。简约模型也存在劣势：模型只纳入了违约风险，没有考虑市场风险，而且认为违约风险与资本结构无关；没有考虑信用等级迁移，因而任意债权人的债务价值是固定不变的，它不依赖于债务发行人信用品质和远期利率的变化与波动。

二、评级模型

（一）评级机构

评级模型的所有数据均来自评级机构。在美国，标准普尔（Standard & Poor）或者穆迪（Moody）为主要的评级机构。标准普尔或者穆迪在进行评级时根据借款人的信誉进行评级，所有的评级等级如图 8 - 1 所示。

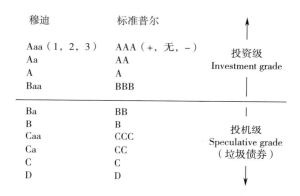

图 8 - 1 信用评级示例

图 8 - 1 显示，所有评级分为投资级和投机级，以 BBB 级和 BB 级（标准普尔）信用等级为分界点。该分类不代表 BBB 级以上的债券就值得投资，BB 级以下的债券不值得投资。事实上，投机级债券或者是垃圾债券的交易十分活跃。另外，我们看到标准普尔或者穆迪的所有信用等级是一一对应的，但不代表同一家公司在两家评级机构的评级一样。也就是说，同一家公司可能在不同的评级机构有不同的评级。在每一个信用评级中，评级公司又具体分为三个小的子等级，例如穆迪将每一信用评级分成"1，2，3"三个子等级，而标准普尔则将每一信用评级分为" ＋，无，－"三个子等级。标准普尔或者穆迪评级机构利用 20 年以上的历史违约数据进行评级，一旦债务方不能按时偿付任意一次利息或者本金，就会被认为违约，一旦债务方的特别条款违约，就被认为全部债务违约，且它们取平均的范

围涵盖了不同的公司（不同行业）和经济周期。

（二）信用转移矩阵

评级机构基于历史评级来估计信用等级从 i 变为 j 的转移概率（transition probability） $P_{i,j}$，所有概率组成了转移矩阵（transition matrix）。信用转移矩阵给出了不同公司债券在一定时期内信用评级的变化情况，表 8 – 1 给出了标准普尔的信用转移矩阵。

表 8 – 1 　　　　　　　　　　标准普尔 1 年转移矩阵

名称		年终评级							
		AAA	AA	A	BBB	BB	B	CCC	DEFAULT
初始评级	AAA	0.9081	0.0833	0.0068	0.0006	0.0012	0	0	0
	AA	0.007	0.9065	0.0779	0.0064	0.0006	0.001	0.0002	0
	A	0.0009	0.0227	0.9105	0.0552	0.0074	0.003	0.0001	0.0006
	BBB	0.0002	0.0033	0.0595	0.8693	0.053	0.012	0.0112	0.0018
	BB	0.0003	0.0014	0.0067	0.0773	0.8053	0.088	0.01	0.0106
	B	0	0.0011	0.0024	0.0043	0.0648	0.835	0.0407	0.052
	CCC	0.0022	0	0.0022	0.013	0.0238	0.112	0.6486	0.1979
	Default	0	0	0	0	0	0	0	1

从表 8 – 1 中我们可以看出，第一列代表初始评级，而第一行代表期末评级，每一个单元格代表从初始评级到期末评级的概率。例如，某年初评级为 AA 级的债券，年末评级也是 AA 级的债券的概率为 90.65%，而下一年评级为 AAA 级的概率为0.7%。由于信用转移矩阵是根据历史数据估计出来的，我们会看到，年初为 CCC 级的债券，年末为 AAA 级的概率为 0.22%，但为 AA 级的概率为 0。这是因为之前恰好有 CCC 级的债券成功升级到了 AAA 级，但没有债券升级到 AA 级。如果有债券违约，那么就不会再回到之前的任何一个评级了，下一期的评级也是违约。根据信用转移矩阵的概念，每一行的和都是 1。

信用转移矩阵一般是关于一段时间的信用转移，而这个时间通常期限为 1 年。从数学上来讲，信用转移矩阵是同质的马尔科夫链（Homogeneous

Markov Chain）。同质的马尔科夫链主要有以下两个性质：

一是马尔科夫性质：未来的评级只与现在的评级有关，评级是无记忆的。如果今天的评级是 A 级，那么我们所有的信息都是这家公司的评级为 A 级。至于这家公司两年前的评级是否为 C 级，我们并不关心，甚至就当之前的评级不存在。

二是时间平稳性（time homogenous）：信用转移矩阵只和 $T-t$ 有关。也就是说，每个 1 年期的信用转移矩阵都是相同的，例如 2007—2008 年的转移矩阵和 2008—2009 年的转移矩阵是相同的。

如果任何转移矩阵满足以上两个性质，我们称为同质马尔科夫链。同质马尔科夫链在数学上的特征可以让我们最大化地简化我们的计算。为了方便理解，我们给出以下例子，可以利用同质马尔科夫链的性质来得到 n 年的转移矩阵。

假设一个信用转移矩阵如下：

$$P =$$

	A	B	D
A	P_{AA}	P_{AB}	P_{AD}
B	P_{BA}	P_{BB}	P_{BD}
D	P_{DA}	P_{DB}	P_{DD}

矩阵中只有三种信用评级，A 级、B 级和 D 级（违约），因此信用转移矩阵是一个 3×3 的矩阵。根据同质马尔科夫链的性质，两年的转移矩阵就是 P^2：

$$P =$$

	A	B	D
A	P_{AA}^2	P_{AB}^2	P_{AD}^2
B	P_{BA}^2	P_{BB}^2	P_{BD}^2
D	P_{DA}^2	P_{DB}^2	P_{DD}^2

其中

$$P_{AD}^2 = \begin{bmatrix} P_{AA} & P_{AB} & P_{AD} \end{bmatrix} \begin{bmatrix} P_{AD} \\ P_{BD} \\ P_{DD} \end{bmatrix} = P_{AA}P_{AD} + P_{AB}P_{BD} + P_{AD}P_{DD}$$

所以，2 年期转移矩阵内的 $P_{j,k}$ 就是 1 年期转移矩阵第 i 行和第 j 列的内积。我们可以说，在两年的时间窗口期，从信用评级 A 级到 D 级有三种路径：第一种是第一年评级不变，还是 A 级，第二年变成了 D 级；第二种是第一年评级变成了 B 级，第二年从 B 级变成了 D 级；第三种是第一年从 A 级到 D 级，然后一直为 D 级。

如果是 N 年的信用转移矩阵，那么就是该矩阵的 N 次方。因此，同质马尔科夫链的性质，极大地简化了我们的计算。

（三）远期定价模型

由前面我们可以得出一年后债券是各种评级的概率。然而，如果想知道损益的分布，我们还需要知道每一评级债券的价格。这部分计算，我们利用远期曲线（one – year forward spot curve）来进行计算。以 1 年远期曲线为例，我们可以计算在 $t+1$ 时刻每个评级分类中债券的远期价格（在债券存在的条件下）。表 8 – 2 给出 BBB 级的债券远期利率的曲线。

表 8 – 2　　　　　　BBB 级债券远期的即期曲线

名称	1 年后	2 年后	3 年后	4 年后
即期利率（%）	4.1	4.67	5.25	5.63

根据表 8 – 2 中数据，如在一年后评级为 BBB 级的条件下，一个 5 年期、面值为 100 元、利率为 6% 的付息债券的 1 年远期价格为

$$V_{BBB} = 6 + \frac{6}{1.041} + \frac{6}{1.0467^2} + \cdots + \frac{6}{1.0563^4} = 107.53（元）$$

5 年期的债券，过了 1 年之后，期限就变成了 4 年，而在第一年还会收到 6 元的利息。因此，BBB 级债券在一年后的价格为 107.53 元。

利用相同的方法，我们可以计算出信用评级从 AAA 级到 D 级的所有债

券的价格。有了这些价格，我们就得出了损益的整个分布。

（四）违约条件下的回收率

信用债在违约的时候，投资者可以取回他们的部分投资，其中回收率取决于对剩余资产所有权的排序。根据历史数据，评级机构通过资格分类（剩余资产所有权的排序）提供一些回收率的估计值。我们需要的信息有：处于某个分类的概率；在债券能够转化为该分类的条件下的远期价格；在该条件下债券价值的变化。同时，我们也需要评级公司利用历史数据估计出来的回收率。有了这些信息，我们可以得出违约条件下信用债的回收率，并作为损益分布中的一点。表 8-3 给出了各种担保优先权的回收率。

表 8-3　　　　　　　　各类担保优先权的回收率

资格分类	均值（％）	标准差
优先有担保（senior secured）	53.8	26.86
优先无担保（senior unsecured）	51.13	25.45
高级次级（senior subordinated）	38.52	23.81
次级（subordinated）	32.74	20.18
初级次级（junior subordinated）	17.09	10.9

（五）信用 VaR

如果我们知道今天的评级是 B 级和明天可能的一些评级、转移概率，那么我们就能知道明天债券价格的分布。寻找信用 VaR 只是分布中的一点。

从图 8-2 中可以看出有可能的评级，有信用转移概率，从远期利率中计算出的各类债券的价格。有了这些信息后，我们就可以绘出价格和概率的分布，并找出分布的信用 VaR。

由图中信息得到信用 VaR 的步骤如下：

（1）在给定的时间段（如 2 年），从转移矩阵中找到 $P_{i,j}$，即债券在某个时间转变成某个评级的概率。

（2）在每个评级下，利用远期利率和未来现金流计算债券的价格。

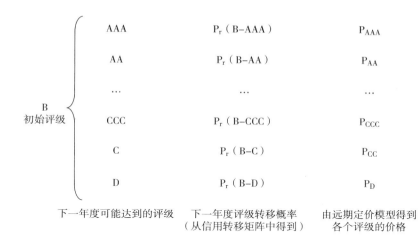

图 8－2　信用 VaR 计算示例

（3）利用价格，计算出损益。如果一年之后评级为 C 级，那么用一年后评级为 B 级的债券价格减去评级为 C 级的债券价格。

（4）得到损益和概率之后，画出整个分布。

（5）找出信用 VaR，它是分布中的一个点。

（六）评级模型总结

评级模型最大的优点是简单，因为所有需要的数据都由评级机构提供。对于小公司来说，它没有能力组建自己的信用风险团队，那么评级模型就非常适合。但评级模型过于依赖评级机构所提供的数据，有一定的局限性。如果不同评级机构给出不同的数据，那么选择哪个评级机构的数据就成了问题。另外，评级模型只是针对单只债券，需要考虑如何扩展使其覆盖债券组合。

从信用转移矩阵的特性来说，时间平稳性的特征是有一定的问题的。考虑不同的经济周期，两个债券的转移情况并非相互独立的。另外，在不同时期，回收率也不是常数（经济衰退期的回收率更低）。很明显，1997—1998 年的亚洲金融危机和2007—2008 年的美国次贷危机要比其他年份特别一些，因此评级模型需要把这些经济周期的因素考虑进去。

三、结构模型

（一） Merton 模型

Merton（1974） 在 Black – Scholes 期权定价的基础上对公司债进行了分析。在 Merton 模型中，具有违约风险的债务可以看成无风险债务和一个对公司资产价值的看跌期权的组合。因此，在 Black – Scholes 期权定价的基础上，我们可以得到公司债的定价公式。Merton 对公司债的定价公式进行了分解，得出了违约概率及在违约情况下损失的表达式。这些表达式均以公司的财务指标为参数，克服评级法中的一些问题。Merton 模型在业界被广泛应用，尤其被 KMV 公司发展成为 KMV 模型。

Merton 模型也叫结构模型，在模型中，破产作为一个事件被建模分析。在债务到期日，如果公司资产的市场价值高于公司债务值（违约点），则公司股权价值为公司资产市场价值与债务值之间的差额，此时公司不破产，维持持续经营状态。如果公司资产价值低于公司债务值，则公司处于破产状态。此时，公司要变卖所有资产用于偿还债务，股权价值变为零。结构模型的主要优点是在违约条件下违约概率和回收值与公司的特有特征相关，因此结构模型更加符合实际。结构模型主要挑战来自公司资产价值的估计。因为一家公司资产价值并不能直接观察得到，并且很难进行估计。[①] KMV 公司利用股权价值来估计公司资产价值，这一方法在业界也得到了广泛的应用。

1. 资本结构

我们首先来看一下 Merton 模型的基本思想和假设。我们先假设一家公司在从 0 到 T 时刻存在，并且该公司只有股权和债权两种融资模式。假设在 T 时刻前的某一时刻 t，一家公司的风险资产的市场价值是 V_t。由于公司只有债务和股权两种融资模式，而且其中债务是一个面值为 F、到期日

---

① 我们观察到的只是股权的价值。

为 T 的零息债券。因此，在 t 时刻，债务的市场价值是 B_t，股权的市场价值是 E_t。

给定股权和债权的市场价值，公司的资产负债表如表 8 – 4 所示。

表 8 – 4 　　　　　　　　　　**Merton 模型的资产负债表**

资产	负债
风险资产 V_t	债务 B_t + 股权 E_t
V_t	V_t

Merton 模型的核心思想是股权和债权都可以用公司资产价值（V_t）为标的资产的期权或期权的组合来表示。我们首先来看相对比较简单的股权：股权是一个看涨期权，因为负债是有限的，股权的收益为

$$\begin{cases} V_T - F & V_T > F \\ \max\{V_T - F, 0\} = 0 & V_T \leq F \end{cases}$$

我们可以看到，当 $V_t > F$ 时，公司不会破产，因此股权持有人的收益是公司价值和债务面值的差值；当 $V_t \leq F$ 时，公司会破产。因为债权人有优先权，因此公司的所有资产都付给了债权人，股权人的收益为 0。

股权人的收益如图 8 – 3 所示，与认购期权的收益一致。

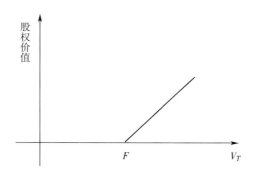

图 8 – 3　股权收益

债权的收益分析和股权类似，也是分公司破产和不破产两种情况讨论，其收益为

$$\max\{F, V_T\} = \begin{cases} F & V_T > F \\ V_T & V_T \leqslant F \end{cases}$$

我们可以看到，当 $V_t > F$ 时，公司不会破产，因此债权人的收益是债务的面值；当 $V_t \leqslant F$ 时，公司会破产。因为债权人有优先权，因此公司的所有资产都付给了债权人，其收益为公司的价值，如图 8-4 所示：

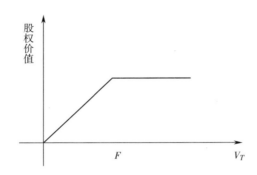

图 8-4 债权收益

债务的最终收益 $\max\{F, V_t\}$ 可以看作一个无风险债券和认沽期权的差值，即

$$\max\{F, V_T\} = F - \max\{F - V_T, 0\}$$

因此，债务可以被视为无风险债务和一个认沽期权的投资组合，所以根据无套利原则，其价格为

$$B_0 = F \cdot \exp(-rT) - p_0 \qquad (8-1)$$

另外，根据期权平价关系（put-call parity），我们有

$$V_t = D_t + E_t \qquad (8-2)$$

根据期权章节的结论，期权平价理论对所有的行权价格 F 均成立。也就是说，不论 F 大小，公司的价值都等于股权和债权的和，而公司的价值又不受 F 影响。F 是债务的面值，代表公司的杠杆率，因此期权平价理论的另一种说法是：无论公司的杠杆多高，公司的资产价值不变。这就是公司财务中著名的 MM 定理，所以在 Merton 模型中，期权平价理论是 MM 定理的

另外一种演绎模式。①

2. 对冲方法

理解 Merton 模型的另一种方法是对冲法，即应用认沽期权来对冲掉债务的违约风险。假设一个公司有面值为 F 的贷款，同时发行了一些股票，如果站在银行的角度，你能对冲掉贷款的信用风险吗？事实上，只要买入一个执行价格为 F 的认沽期权，就可以对冲信用风险。具体如表 8－5所示。

表 8－5　　　　　　　　　　　Merton 模型的对冲方法

时间	0	T	
		$V_T < F$	$V_T > F$
资产价值	V_0	V_T	V_T
银行贷款	$-B_0$	V_T	F
买入认沽期权	$-P_0$	$F - V_T$	0
总计	$-B_0 - P_0$	F	F

从表 8－5可以看出，银行贷款的收益为 $\max\{F, V_T\}$，与之前分析的公司债务收益一致。而买入认沽期权后，我们可以看到，无论公司资产价值最终是多少，贷款收益均为 F。也就是说，如果银行买入一个认沽期权，就可以对冲掉所有的违约风险，则贷款就是无风险的。因此，我们得到

$$B_0 + P_0 = F e^{-rt} \tag{8-3}$$

虽然以上等式和前面资本结构的结果一致，但却运用了两种不同的思考模式。第一种方法根据公司具体融资的资本结构，而第二种则应用对冲思想。对冲思想的核心是认沽期权可以对冲违约风险，这也给我们提供了一种衡量违约风险的方法。如果某个因素（如公司的杠杆率）在一段时间内有了变化，该变化会增加认沽期权的价格，也就是让对冲的成本增加了，其结果是增加了信用风险。

3. 公司债定价模型

根据前面的分析，公司债可以看作认沽期权和无风险债券的一个投资

---

① MODIGLIANI F, MILLER M H. The Cost of Capital, Corporation Finance and the Theory of Investment [J]. The American Economic Review, 1958, 48 (3): 261–297.

组合。根据无套利原则，该投资组合的价格就等于公司债的价格。因此，我们有

$$B_0 = F e^{-rt} - P_0 \qquad (8-4)$$

P_0 是认沽期权的价格，可以用 Black – Scholes 期权定价模型得到。因此，Merton 模型也采用了和 Black – Scholes 模型一致的假设：公司价值服从几何布朗运动（GMB）：

$$\frac{\mathrm{d} V_t}{V_t} = \mu \mathrm{d}t + \sigma \mathrm{d} B_t \qquad (8-5)$$

根据 Black – Scholes 期权定价模型，认沽期权价格为

$$P_0 = F e^{-rt} - F e^{-rt} \Phi(-d_2) - V_0 \Phi(-d_1) \qquad (8-6)$$

经过简单的推导，我们可以得到公司债的价格为

$$B_0 = F e^{-rt} \Phi(d_2) + V_0 \Phi(-d_1) \qquad (8-7)$$

这就是 Merton 为带有违约风险的公司债的定价模型。从该模型中，我们还可以通过推导得到违约概率等指标，我们把数学推导放在本章附录中。

（二）信用风险的度量

根据 Merton 模型的公司债定价模型，我们可以找出一些衡量信用风险的指标。一般比较常用的有两种：违约距离和信用利差。

1. 违约距离

违约距离（distance to default，DD）的表达式为

$$d_{t,T} = \frac{\ln(V_t/F) + (\mu - \frac{1}{2}\sigma^2)(T-t)}{\sigma \sqrt{T-t}} \qquad (8-8)$$

违约距离是在标准正态分布的情况下，距离违约点长度，根据违约点偏离的标准差来衡量。如果我们用正态分布的累计分布函数（CDF），即可计算出该债券的违约概率。违约距离是在真实的物理概率（P 测度）下的违约，而不是我们之前所提到的风险中性概率（Q 测度）。一般来说，如果我们只是想知道违约概率这个指标，我们应用真实概率。如果是为了信用产品的定价，我们应用风险中性概率。

从违约距离的表达式我们可以看出：违约距离与公司资产的波动率（σ）、公司债务水平（F）负相关，而与公司目前资产价值（V_t）、公司资产回报率的期望（μ）正相关。该结果符合我们的直觉。违约距离越短，信用风险越高，而较高资产的波动率（σ）和公司债务水平（F）都会增加信用风险。当违约距离越长时，信用风险越低，而较高的资产价值（V_t）和资产回报率的期望（μ）会降低信用风险。然而，当 $T-t$ 趋于无限小时，违约距离变成了无穷大。这表明，很短的时间内债务几乎是无风险的。

2. 信用利差

信用利差被定义为公司债的到期收益率（YTM）和无风险利率之间的差值，一直都是衡量信用风险的重要指标。信用利差本质上反映的是价格，而价格是在市场上公开的数据。因此，信用利差最大的优点是其可得性。在 Merton 模型中，信用利差的表达式[①]：

$$s = -\frac{1}{T}\ln\left(\Phi(d_2) + \frac{\Phi(-d_1)}{L}\right) \qquad (8-9)$$

信用利差是关于杠杆率、时间 T 和波动率的一个函数，并有以下特点：

一是影响违约距离的因素也影响信用利差，并且方向相反。

二是给出信用利差的表达式，我们可以很容易求导得出 $\frac{\partial s}{\partial r} < 0$ ，也就是说无风险利率越高，债券的信用风险越小。这个结果可以从对冲信用风险的认沽期权来理解，因为无风险利率的升高降低了认沽期权的价格，从而使对冲信用风险的成本降低，减小了信用风险。

三是 L 在表达式中（见附录）代表杠杆率，杠杆率越高，信用风险越高。

（三）Merton 模型的局限性及扩展

首先，Merton 模型由 Black – Scholes 模型推导而来，因此前提要有所有 Black – Scholes 模型假设，所以 Black – Scholes 模型的问题在 Merton 模型

---

① 详细推导及 d_1 和 d_2 的表达式详见本章附录。

中也存在。其次，在资本结构中，债务方仅有零息债券，过于简化，与现实中的债务结构不一致。再次，Merton 模型中的违约只可能在到期日 T 发生，而现实中，任何时点都有可能发生违约。最后，Merton 模型在 $V_t > F$ 时，当 $T-t$ 很小的时候，违约距离趋近于无穷大。这意味着债务在非常短的时间内几乎是无风险的。而现实中，哪怕是一天的贷款也是有风险的，在历史上，安然（Eron）公司和 Viacom 公司在一夜之间的风险也是非常大的。

针对这些问题，学者们在之后的文献中作出了相应回应。例如，Geske（1977）就零息债券的假设放松，变成了附息债券。而 Black 和 Cox（1976）假设违约可以发生在到期日前的任何一天。Leland（1994）把 Merton 模型的简单资本结构扩展到公司金融领域，引发了在连续时间内公司金融问题分析的热潮。

（四）KMV 模型

KMV 模型是 Merton 模型在实务界的应用。针对 Merton 模型，KMV 模型在很多方面做了改进和简化。首先，通过模拟，KMV 模型发现对数正态分布是很稳健的。其次，Merton 模型中的一个难点就是估计公司的资产价值。因为一个公司的资产价值并不可见，在估计时也没有参照。KMV 模型巧妙地利用公司的资本结构是期权的思想，对公司的资产价值进行了估计。最后，KMV 模型对原始的 Merton 模型进行了简化，让其更有可操作性。下面我们将简要介绍 KMV 模型的估计过程。①

1. 估计公司资产价值

KMV 模型的第一步就是估计公司资产的价值。在前面的分析中我们提到过，股权是公司认购期权。因此，我们可以应用 Black – Scholes 期权定价模型，把股权价值 E 写成关于公司价值 V 的函数：

$$E = VN(d_1) - F\,e^{rt}N(d_2) \tag{8-10}$$

---

① 如果对 KMV 的具体算法感兴趣，可以到网上查找 KMV 模型的代码。

Merton 模型假设 V 是几何布朗运动，因此在应用一些数学的工具后，我们可以得出以下等式：[①]

$$\sigma = \frac{E\,\sigma_E}{VN(d_1)} \qquad\qquad (8-11)$$

式（8-10）和式（8-11）是两个关于公司价值 V 和公司价值波动性 σ 的等式。因此，我们就有了两个等式和两个未知数。如果我们可以估计出其他参数，那么我们就能同时解决 V 和 σ，这就是 KMV 模型估计资产价值的方法。

2. 违约距离

根据 Merton 模型中的违约距离，KMV 模型也计算出了一个自己做违约距离（DD）的指数。违约距离是指违约点偏离资产价值分布均值的标准差，而违约距离越长，信用风险越低。KMV 公司根据历史数据，简化了Merton 模型，计算出的违约距离可以表示为

$$DD = \frac{E(V) - F^*}{\sigma} \qquad\qquad (8-12)$$

其中，$F^* = $ 短期债务 $+ \dfrac{1}{2} \times$ 长期债务。这是因为 KMV 公司发行在 F^* 这一点违约经常发生。

3. 违约概率

给出违约距离后，我们就可以计算出违约概率。在 KMV 模型中，违约概率被称为预期违约频率（expected default frequencies，EDF）。我们用下面的例子来说明如何估计 EDF。

假设某公司的资产 $V = 1000$，每年净增长 20%，波动率为 100。根据 KMV 的计算，我们可以得到违约点为 800，则违约距离可以计算为

$$DD = \frac{1000 \times 1.2 - 800}{100} = 4$$

违约距离 $DD = 4$ 是公司的一个特征，我们可以根据这个特征来寻找符合条

---

① 这里我们主要应用的是伊藤引理（Ito's Lemma）。

件的公司。假设我们发现有 5000 家公司的违约距离 $DD = 4$，然后在一年后有 20 家违约。根据这个事实，我们可以计算出违约概率，也就是 EDF：

$$EDF = \frac{20}{5000} = 0.4\%^{①}$$

（五） 针对违约风险的现金流估值模型

1. 风险中性 EDF

之前我们讨论了如何在 KMV 模型中估计违约概率，此时估计的违约概率是在真实的物理测度下的，反映的是现实世界中的违约概率。然而，就像我们在期权章节中所讨论的那样，如果目的是为衍生品定价，那我们需要风险中性概率。以下我们简单介绍如何把在现实世界中的违约概率转化成风险中性的违约概率。

我们将风险中性的违约概率 Q 定义为在风险中性世界里公司资产在 T 时刻的价值 V_T 小于等于债务面值 F 的概率：

$$Q = Pr \times [V_T \leq F] = \Phi(d_{t,T}^*) \tag{8-13}$$

其中

$$d_{t,T}^* = \frac{\ln(V_0/F) + (r - \frac{1}{2}\sigma^2)(T-t)}{\sigma\sqrt{T-t}}$$

式中，$d_{t,T}^*$ 代表在风险中性概率下的违约距离，函数 $\Phi(\cdot)$ 是标准正态分布的累积分布函数 （CDF）。在表达式中，我们在概率右上角加了一个"*"，以区别风险中性概率和真实概率。而在 KMV 模型中，我们对于真实概率的度量 EDF 就是 $\Phi(d_{t,T})$，其中违约距离为

$$d_{t,T} = \frac{\ln(V_t/F) + (\mu - \frac{1}{2}\sigma^2)(T-t)}{\sigma\sqrt{T-t}}$$

在风险中性概率下，资产的回报率为无风险利率 r，而在现实世界中，

————————

① 注意,这个概率是在物理世界中的,不是风险中性概率。

资产回报率为 μ ，这点不同体现在两个测度下的违约距离。因此，我们有

$$d_{t,T} + \frac{\mu - r}{\sigma} \sqrt{T - t} = - d_{t,T}^*$$

给出两个测度下的违约距离的不同，我们可以得到风险中性概率为

$$Q = \left[\Phi^{-1}(EDF) + \frac{\mu - r}{\sigma} \sqrt{T - t} \right] \qquad (8 - 14)$$

在以上表达式中，EDF 可以由 KMV 模型估计，而 $\frac{\mu - r}{\sigma}$ 表达式是夏普比率，可以用回归分析的方法进行估计。

2. 定价例子

在前一个小节中，我们估计了风险中性概率测度 Q 。根据期权定价的原理，如果我们知道了风险中性概率，就可以利用该方法来为带有违约风险的未来现金流进行定价。我们用一个例子进行说明。

假设我们有一只一年以后偿付 100 美元的零息债券，如果发行者违约则回收率为 $(1 - LGD)$ 。[①] 我们假设 LGD 为 40% ，也就是说，如果债券违约了，那么持有人可以得到 60 美元。我们可以将债券的现金流分成两个部分，一部分是无风险的而另一部分是有风险的，如下所示：

$$\begin{pmatrix} 100 \\ 100(1 - LGD) \end{pmatrix} \qquad \begin{pmatrix} 100(1 - LGD) \\ 100(1 - LGD) \end{pmatrix} \qquad \begin{pmatrix} 100LGD \\ 0 \end{pmatrix}$$

也就是说，在 100 美元的现金流中，有 $100(1 - LGD)$ 美元的现金流是无风险的，也就是 60 美元。而另外一部分是有风险的。

给定这些现金流，假设我们估计了风险中性的违约概率为 20% ，并且 1 年期的无风险利率为 10% ，则根据固定收入部分的分析方法，无风险部分的价值是

$$PV_1 = \frac{100(1 - LGD)}{1 + r_f} = 54.5(美元)$$

带有违约风险部分的现金流则采用风险中性概率的方法计算：

---

① LGD 代表在违约情况下资产价值的损失（loss given default）。

$$PV_2 = \frac{100LGD(1 - Q)}{1 + r_f} = 29.1（美元）$$

给定两部分现金流的价值，债券的价值为

$$PV = PV_1 + PV_2 = 83.6（美元）$$

如果是无风险债券，我们应用现值的折现方法进行计算，可以得到

$$PV = \frac{100}{1 + r} = 90.9（美元）$$

可以看到，无风险债券的价格要高于带有违约风险债券的价格，其差值是违约风险所带来的溢价。我们也可以利用该方法来得到信用利差，把 S 定义为信用利差，我们可得到

$$\frac{100(1 - LGD)}{1 + r_f} + \frac{100LGD(1 - Q)}{1 + r_f} = \frac{100}{1 + r_f + S}$$

对以上表达式进行整理，我们可以得到信用利差的表达式：

$$S = \frac{LGD \times Q \times (1 + r_f)}{1 - LGD \times Q}$$

四、简约模型

简约模型的本质是把违约这件事作为一个事件，并用泊松过程进行数学建模分析。由于泊松过程中只有一个参数，因此只需要应用数据对该参数进行估计即可。一般来说，我们应用信用利差对该参数进行估计，得到合理的估计值，可以应用泊松过程对违约概率等指标进行计算。

简约模型假设大量数目的 n 个贷款独立同分布，违约概率为 p。总损失服从二项分布，可以用强度的泊松分布近似表示为

$$f(x) = e^{-\lambda} \frac{\lambda^x}{x!} \qquad (8 - 15)$$

假设强度是随机变量，引入违约相关性，估值会增加每个债务人的违约概率。违约强度也可以随时间变化，在这种情况下所建立的模式是一个变量随时间变化的函数。信用风险附加模型将信用组合分为一些同质部分，每一个同质部分内的债务人都具有相同的系统风险，信用风险附加模型以

此来考虑违约概率的变动，并得到违约概率的期限结构。除此以外，还需考虑损失的严重程度，这个因素在模型中通过将资产按严重程度分层来处理。例如，2 万美元左右的贷款属于第一层，4 万美元左右的贷款则属于第二层，诸如此类。这样每一层次都有其损失分布。将这些分布合并起来，就可以得到所有违约损失的总体分布。

五、新的发展

随着金融科技和大数据的涌现，除了传统的信用风险的估计方法，也发展出一些根据大数据对信用风险进行分析的新方法。类似于阿里巴巴和腾讯，它们利用支付宝和微信等第三方支付平台积累了海量的数据，这些数据给了我们大量的不在传统征信体系下的信息。根据这些信息，我们可以对传统征信体系不能覆盖的企业和个人进行新的信用评估。

六、附录

（一）Merton 模型推导

首先，Merton 假设基础标的资产，也就是公司的价值服从几何布朗运动（GMB）：

$$\frac{\mathrm{d}V_t}{V_t} = \mu \mathrm{d}t + \sigma \mathrm{d}B_t$$

与 Black – Scholes 公式不同，Merton 模型的标的资产是公司价值，而 Black – Scholes 模型的标的资产是股票价格。由 Black – Scholes 模型可得，认沽期权价值为

$$p_0 = F\mathrm{e}^{-rt} - F\mathrm{e}^{-rt}\Phi(-d_2) - V_0\Phi(-d_1)$$

根据正文中的分析，公司债的价格为

$$B_0 = F\mathrm{e}^{-rt} - F\mathrm{e}^{-rt}\Phi(-d_2) + V_0\Phi(-d_1)$$
$$= F\mathrm{e}^{-rt}\Phi(d_2) + V_0\Phi(-d_1)$$

我们可以将以上表达式进行整理，得到一个新表达式：

$$B_0 = \underbrace{Fe^{-rt}}_{\text{无风险债券}} \times \underbrace{\Phi(d_2)}_{\text{违约的概率}} + \underbrace{V_0 \frac{1 - \Phi(d_1)}{1 - \Phi(d_2)}}_{\text{期望回收的现值}} \times \underbrace{[1 - \Phi(d_2)]}_{\text{违约的概率}}$$

新的表达式给出了违约概率和在违约时可以回收的期望回收现值（$1 - LGD$）。此时的违约概率是风险中性概率，而在风险中性的假设下，公司债的价格也变成了折现后的期望（风险中性期望）。

因为资产价值为

$$\frac{\mathrm{d}V_t}{V_t} = \mu \mathrm{d}t + \sigma \mathrm{d}B_t$$

我们有

$$V_T = V_0 \exp\left\{\left(\mu - \frac{1}{2}\sigma^2\right)T + \sigma\sqrt{T}Z\right\}$$

在风险中性测度下，资产价值为

$$\frac{\mathrm{d}V_t}{V_t} = r\mathrm{d}t + \sigma \mathrm{d}B_t$$

因此我们有

$$V_T = V_0 \exp\left[\left(r - \frac{1}{2}\sigma^2\right)T + \sigma\sqrt{T}Z\right], \text{其中} Z \sim N(0,1)$$

在 Merton 模型中，违约意味着 $V_T < F$。把 V_T 的表达式代入违约条件，我们可以得到

$$V_T = V_0 \exp\left[\left(r - \frac{1}{2}\sigma^2\right)T + \sigma\sqrt{T}Z\right] < F$$

也就是

$$Z < \frac{\log(F/V_0) - \left(r - \frac{1}{2}\sigma^2\right)T}{\sigma\sqrt{T}} = d_2$$

这就是 $1 - \Phi(d_2)$ 代表的是违约概率的原因。

期望回收的现值的表达式为

$$V_0 \frac{1 - \Phi(d_1)}{1 - \Phi(d_2)}$$

　　与违约概率的计算类似，我们可以计算违约情况下资产的价值 V_T。具体计算公式是一个条件期望，如下：

$$E(V_T \mid V_T < F) = V_0 \frac{1 - \Phi(d_1)}{1 - \Phi(d_2)} e^{rt}$$

具体的计算步骤和违约概率的推导类似，在此不再赘述。

(二) 信用风险的度量的推导

1. 违约距离

　　违约距离可以用于违约概率的集散，而违约概率是在 T 时刻，资产价值 V_t 低于债务面值的概率：

$$P_r(V_T < F)$$

$$= P_r \left\{ V_0 \exp\left[\left(\mu - \frac{1}{2} \sigma^2 \right) T + \sigma \sqrt{T} Z \right] < F \right\}$$

$$= P_r \left[Z < \frac{\ln(V_t/F) + \left(\mu - \frac{1}{2} \sigma^2 \right)(T - t)}{\sigma \sqrt{T}} \right]$$

因此我们可以得到违约距离为

$$d_{t,T} = \frac{\ln(V_t/F) + \left(\mu - \frac{1}{2} \sigma^2 \right)(T - t)}{\sigma \sqrt{T - t}}$$

2. 信用利差

　　根据到期收益率（YTM）的定义，无风险债券价格为 $F e^{-rt}$，而公司债的价格为 $B_0 = F e^{-y_t t}$。信用利差（default spread）可以表示为

$$S_t = y_t - r$$

公司债的到期收益率（YTM）可以表示为

$$y_t = -\ln \frac{B_0}{F}$$

而根据 Merton 模型，我们有

$$B_0 = F e^{-rt} - F e^{-rt} \Phi(-d_2) + V_0 \Phi(-d_1)$$

$$= F e^{-rt} \Phi(d_2) + V_0 \Phi(-d_1)$$

$$= F e^{-rt} \left[\Phi(d_2) + \frac{\Phi(-d_1)}{L} \right]$$

$L = \dfrac{F e^{-rt}}{V_0}$ 为准杠杆率。[①]给定 B_0 ，我们有如下推导：

$$y_t = -\frac{1}{T} \ln \frac{B_0}{F}$$

$$= -\frac{1}{T} \ln \frac{F e^{-rt} \Phi(d_2) + \dfrac{\Phi(-d_1)}{L}}{F}$$

$$= r - \frac{1}{T} \ln \left(\Phi(d_2) + \frac{\Phi(-d_1)}{L} \right)$$

因此，信用利差的表达式为

$$S = -\frac{1}{T} \ln \left(\Phi(d_2) + \frac{\Phi(-d_1)}{L} \right)$$

---

① 因为此时 $F e^{-rt}$ 不是真正的杠杆，这里的 r 是无风险利率。

第九章　《巴塞尔协议》

一、《巴塞尔协议》概述

在当代金融系统高速发展的今天，世界各个国家都对本国的金融系统进行监管，而监管的主要目的是让本国经济稳定，不发生系统性风险。商业银行在全球的金融体系里占据着重要的地位，从 20 世纪初到 70 年代末发展比较平稳，为全球经济发展作出了重要贡献。但自 20 世纪 70 年代以来，商业银行在国际金融市场上经历了严重的动乱。例如，1974 年 6 月 26 日，许多银行在德国赫斯塔特（Herstatt）银行存放德国马克，而赫斯塔特银行负责给它们位于纽约市的交易对手银行支付美元款项。由于时区的差异，在美元付款还未生效的时候，赫斯塔特银行就被德国监管者清算了。这样的案例层出不穷，因此十国集团的中央银行行长决定于 1974 年末建立巴塞尔银行监管委员会，也称其为巴塞尔委员会。[①] 其目标是通过增加监督管理和提升全球银行的监管质量来增强金融稳定性，并且提供一个供成员国在银行监管问题上定期合作和探讨的平台。

在1988 年以前，银行的主要监管是调整资本金占总资产的比例。在 20 世纪 80 年代早期，拉丁美洲债务危机频发，主要的国际银行随着风险上升不断降低资本比率，令巴塞尔委员会十分担忧。因此，巴塞尔委员会成员希望阻止各国国内银行不断降低资本比率，并且共同建立一致的资本充足

[①]　十国集团包括美国、英国、法国、德国、意大利、日本、荷兰、加拿大、比利时和瑞典。

率标准。1988 年，巴塞尔委员会向银行发布了《关于统一国际银行资本衡量和资本标准的协议》，称作《巴塞尔协议Ⅰ》。《巴塞尔协议Ⅰ》不仅确定了资本的范围，还提出了在包括表外资产的情形下计算信用风险加权的资本比率。其随着时间不断被改进：1991 年，普通坏账准备金被包括在资本中；1995—1996 年，要求银行衍生品的信用风险度量考虑净额结算的影响。1995 年，巴林银行等破产事件使委员会注意到市场风险的重大影响，并在 1996 年 1 月发布了《资本协议市场风险补充规定》，要求银行使用标准法或内部模型法度量市场风险所要求的资本量。

1996 年的《资本协议市场风险补充规定》是对《巴塞尔协议Ⅰ》的重大改进，但还是有一些类型的风险不能被全面覆盖。因此，为了更好地应对 20 世纪 90 年代的金融创新所带来的变化，巴塞尔委员会于 1999 年发布了《新巴塞尔协议》的提案来取代《巴塞尔协议Ⅰ》，并于 2004 年 6 月最终完成《巴塞尔协议Ⅱ》。制定这些新规是为了保证一个银行所面临的监管要求的资本与其经营风险所要求的资本相匹配，并致力于保证全球监管体制的一致性从而抑制监管套利。虽然如此，金融行业的发展日新月异，《巴塞尔协议Ⅱ》也很难覆盖所有风险，而 2008 年的国际金融危机促使《巴塞尔协议Ⅱ》加速改进。

在 2008 年雷曼兄弟破产之前，银行业就面临过高的杠杆和极不充足的流动性。而监管不力、风险管理不到位、有问题的内部激励机制伴随着资产泡沫和信贷过度增长使金融市场的系统性风险不断升高。为了应对系统性风险，巴塞尔委员会在雷曼兄弟破产的当月发布了《关于流动性风险的管理准则》。2010 年 7 月，各方对于资本和流动性一揽子改革方案的整体设计达成共识，生成《巴塞尔协议Ⅲ》。2010 年 11 月，G20 各国首脑在首尔峰会上对该协议表示赞成。《巴塞尔协议Ⅲ》致力于降低银行杠杆率和提升流动性，从而更好地应对经济危机。在 2011 年后，委员会更加关注如何改进风险所要求的资本量的度量方法，最终于 2017 年完成。改进后的《巴塞尔协议Ⅲ》提升了计算方法的稳健性和风险敏感性，并对模型的使用加以约束，从而增强了所计算出的风险加权资产量的可信度，同时由于加入了宏观审慎监管，使整个管理框架趋于完善。

《巴塞尔协议》是一个全球性的、自愿的监管框架，随着金融市场环境的不断发展而变化。接下来，我们将介绍《巴塞尔协议Ⅰ》《巴塞尔协议Ⅱ》和《巴塞尔协议Ⅲ》的重要规则及细节，并讨论其作用和漏洞。

二、《巴塞尔协议Ⅰ》

《巴塞尔协议Ⅰ》最主要的内容是确定了资本的范围，并给出了信用风险和市场风险加权资产（包括表内项目和表外项目）的计算方法，从而规定监管资本不得少于风险加权资产的8%（核心资本不得少于4%），该方法也成了之后《巴塞尔协议》修改的基础。《巴塞尔协议Ⅰ》希望从充实资本的角度在各国贯彻实施一个统一的银行风险管理框架，从而降低各国银行的风险，提升金融稳定性，并且促进各国银行的公平竞争。

（一）监管资本的定义

巴塞尔委员会认为资本的关键组成成分是股权资本和公开储备，依据为：各国银行资本的组成成分都包括这类资本；它们在信息披露中完全公开，是市场判断银行资本充足程度的依据；这类资本对银行的利润率和竞争能力有重大影响，因此，这类资本定义为核心资本。尽管如此，巴塞尔委员会的成员国认为还有一些其他的重要的法定的资本组成成分，并把它们归类为附属资本。因此，在1988年，《巴塞尔协议Ⅰ》把监管资本划分为核心资本（又称一类资本）和附属资本（又称二类资本），其主要组成成分如表9－1所示①。

---

① 关于一类资本和二类资本具体的组成成分可以参考巴塞尔委员会1988年7月发布的《关于统一国际银行资本衡量和资本标准的协议》。

表 9 - 1 核心资本和附属资本

核心资本	附属资本
股权资本	普通坏账准备金
公开储备	长期次级债务

在资本划分中，股权资本包括普通股和永续非累积优先股（noncumulative perpetual preferred stock）。公开储备主要包括股本溢价和留存收益等。普通坏账准备金是用于弥补尚未识别的损失的资金，而长期次级债务是指清偿等级低于普通债务的长期债务，这两者都可以在一定程度上吸收损失。

（二）不同风险所要求的监管资本的计算

《巴塞尔协议Ⅰ》规定不同的风险要采用不同的计算方法，主要考虑的有信用风险和市场风险。

信用风险加权资产的计算采用标准法。对于表内资产项目，直接乘以反映信用风险的风险权重因子即可得到表内信用风险资产规模。对于表外项目，需要先通过信用转换系数将表外资产量转化为等价信用量（credit equivalent amount），再乘以信用风险权重因子即可得到表外信用风险资产规模。特别地，由于场外衍生品的交易对手风险，其等价信用量的计算包括对手方今天和未来违约带来的可能损失，同时需要考虑净额结算的影响。[1] 主要的风险权重因子如表 9 - 2 所示。[2]

表 9 - 2 信用风险加权资产及风险权重因子

信用风险权重因子（%）	资产项目
0	现金、黄金、OECD 政府债券等
20	市政债券
50	住房抵押贷款
100	私营企业债券、信用卡贷款等

---

[1] 关于场外衍生品的等价信用量的计算可以参考彼得·S. 罗斯和西尔维娅·C. 赫金斯著的《商业银行管理（第九版）》（机械工业出版社，2013）的第十三章。

[2] 关于表内资产和表外资产的风险权重因子和转换系数可以参考彼得·S. 罗斯和西尔维娅·C. 赫金斯著的《商业银行管理（第九版）》（机械工业出版社，2013）的第十三章。

从表 9 - 2 我们可以看到，现金的信用风险为零，而私营企业债券和信用卡债券的风险比市政债更高。巴塞尔委员会要求核心资本与信用风险加权资产之比不低于 4%，而一类资本和二类资本与信用风险加权资产之比不低于 8%。由此，可以计算出信用风险所要求的监管资本量。

除了信用风险，银行的交易账户下的资产面临着巨大的市场风险，即利率、资产价格、汇率和商品价格的不利变动带来的利润和资本的损失。[①] 因此，1996 年巴塞尔委员会发布了《资本协议市场风险补充规定》，要求计算银行的市场风险所需的资本量。这就引出了新增的三类资本的定义，即符合特定条件的短期次级债务。[②] 银行除了用一类资本和二类资本来满足市场风险所需监管资本要求，还可以用三类资本，但受到诸多限制。而市场风险所需资本的计算方法包括标准法和内部模型法。标准法分别计算利率风险、股权投资风险、外汇风险和商品价格风险等，然后汇总求和得到市场风险所要求的监管资本量。内部模型法允许大型银行使用它们自己的 VaR 模型来估算整个投资组合的市场风险加权资产量。

VaR 反映了在未来的一段时间内，投资组合在给定概率下所面临的最大可能损失。若某一投资组合在 10 天期间的置信度为 99% 的 VaR 为 500 万元，则表明该投资组合在未来 10 天的损失不超过 500 万元的概率为 99%。这种方法考虑了不同资产的相关性所带来的分散化的好处，比标准法要求的资本量[③]更低。同时，内部模型法能够更灵活地应对金融创新带来的变化。但是，它也存在巨大的问题。例如，VaR 的错误估算会导致所要求的监管资本低于应对市场风险所需要的资本量；又如，大型银行的投资组合过于复杂以致准确预测 VaR 是非常困难的。一个有助于提高预测精度的方法就是用历史数据进行回测，但这显然不能完全解决该模型的问题，

---

① 银行的交易账户资产是指利用短期价格波动带来短期利润的资产，采用盯市结算制度。

② 具体要求可参考巴塞尔委员会 1996 年 1 月发布的《资本协议市场风险补充规定》。三类资本在《巴塞尔协议Ⅲ》中被取消。

③ 关于市场风险的内部模型法所要求的资本量的简要介绍可以参考中国银行间市场交易商协会教材编写组编写的《金融市场风险管理：理论与实务》（北京大学出版社，2019），具体计算细节和要求可参考巴塞尔委员会 1996 年 1 月发布的《资本协议市场风险补充规定》。

例如，在 2008 年国际金融危机情形下的损失程度难以用历史数据进行估计。[①]

总体来看，《巴塞尔协议 I 》提出了信用风险和市场风险所要求的监管资本的管理框架，并确定了不同风险所要求的资本的范围。我们把市场风险所要求的监管资本的 12.5 倍加上信用风险加权资产作为总的风险加权资产，并要求资本与风险加权资产之比不低于 8%，核心资本与风险加权资产之比不低于 4%，即

$$风险加权资产 = 信用风险加权资产 + 市场风险加权资产$$

$$核心资本率 = \frac{核心资本}{风险加权资产} \geqslant 4\%$$

$$资本率 = \frac{核心资本 + 附属资本}{风险加权资产} \geqslant 8\%$$

其中，市场风险加权资产等于市场风险所要求的监管资本的 12.5 倍。

（三）存在的问题

《巴塞尔协议 I 》是第一个国际认可的金融监管体系，对金融全球化有着重要的作用。然而，国际金融环境瞬息万变，监管也不能一成不变，而《巴塞尔协议 I 》也存在一些问题。第一个重大问题在于风险权重对资产的真实风险非常不敏感，所以企业的监管资本和承担风险所要求的资本之间的差异很大。由于风险权重对一大类资产是相同的，因此银行为了提高利润率会选择相同风险权重下收益率最高的资产，这就会鼓励银行承担更大的风险，而非与其资本量相适应的风险。监管套利的问题随着金融创新不断深化愈加严重。第二个重大问题在于包含的风险种类不足。《巴塞尔协议 I 》只是提出了信用风险和市场风险管理框架，在金融环境的快速变化下，人们强烈意识到其他风险诸如操作风险和流动性风险也需要管理。在快速变化的金融环境中，如何解决这些问题，这是监管者需要时刻考虑的问题，在《巴塞尔协议 II 》中进行了相应的修改。

---

① 关于 VaR，请参考风险价值章节。

三、《巴塞尔协议Ⅱ》

《巴塞尔协议Ⅱ》的银行风险管理框架包括三大支柱，如表9-3所示。支柱一是最低资本要求，包括信用风险、市场风险和操作风险所要求的监管资本，并对风险所需资本量的度量方法进行了改进，使之对资产的真实风险更加敏感；支柱二是监督者对各银行的贯彻落实情况进行检查；支柱三是通过增强银行的信息披露鼓励市场投资者进行监督，即提倡市场自律。支柱一增加了风险种类，并且提升了风险敏感度以更好地应对近些年快速发展的金融创新，而支柱二和支柱三增强了支柱一对银行的约束，确保监管资本与应对风险所需的资本相一致。

表9-3 《巴塞尔协议Ⅱ》的三大支柱

支柱一	支柱二	支柱三
最低资本要求 （计算信用风险、市场风险和操作风险所需的资本）	监督检查	市场自律

（一）支柱一：最低资本要求

《巴塞尔协议Ⅱ》根据市场风险、信用风险及操作风险进行加权计算，从而计算出金融机构的最低资本要求。《巴塞尔协议Ⅱ》对市场风险规定用风险价值（VaR）进行度量。以下我们对信用风险和操作风险进行讨论。

1. 信用风险

对信用风险所需监管资本的计算可以采用标准法和内部模型法。相较于《巴塞尔协议Ⅰ》，标准法的改进在于提升了风险敏感度，其信用风险权重因子依赖于本国监管当局认可的外部信用评级体系；对于表外资产转化为信用等价量，再乘以信用风险权重因子以计算表外的信用风险加权资产的方法是相同的。而内部模型法允许银行使用自己的模型来评估其资产组合的信用风险所需的资本。该模型包括违约概率（PD）、违约损失率（LGD）、违约风险暴露（EAD）和有效期限（M）等风险参数。在有些情况中，监管机构要求给定几个风险参数，其余风险参数可使用银行的估计值。接下来，我们简单介绍一下内部模型法的思想。

假设某银行有 $1 - \alpha$ 的把握认为贷款 i 在未来一年内的违约概率低于 P_i，[①] 则其未来的损失高于 $P_i \times EAD \times LGD$ 的概率为 α。其中，$0 < \alpha < 1$，EAD 为贷款规模，LGD 为一旦违约造成的损失占贷款规模的比例。而预期损失为 $PD_i \times EAD \times LGD$。

银行对于这部分预期损失已经在坏账准备金中计提过了，但是一旦出现非预期损失 $(P_i - PD_i) \times EAD \times LGD$，则需要用额外的资本来吸收。对于不同资产的信用风险所需资本进行加总就可得到信用风险所需的监管资本量。

2. 操作风险

操作风险主要是指人为和内部流程错误及系统瘫痪而带来的风险。对操作风险所需监管资本的计算可以采用基本指标法、标准法和高级计量法。基本指标法要求操作风险所需监管资本量为银行净利息收入和非息收入的 15%，这样可以保证操作风险所需监管资本量大致占总监管资本的 12%。[②] 但这种方法并没有考虑不同业务的操作风险差异很大，所以巴塞尔委员会又提出了标准法，即把银行业务大致划分为八类，每一类的操作风险所需监管资本占该类业务的净利息收入和非息收入的比例不同，加总后得到整个银行的操作风险所需资本量。高级计量法要求银行在监管者的允许下使用其内部数据来估计属于操作风险的不同事件造成的损失，如系统瘫痪、有形资产遭到破坏等，从而估算不同类别事件的所需资本，加总得到操作风险所需的监管资本量。

总之，《巴塞尔协议 II》的支柱一给出了市场风险、信用风险、操作风险的管理框架，[③] 要求资本与风险加权资产之比不低于 8%，核心资本与风险加权资产之比不低于 4%，即

---

① P_i 在一系列简单假设下的推导过程可以参考中国银行间市场交易商协会教材编写组编写的《金融市场风险管理：理论与实务》（北京大学出版社，2019）。

② 该数据是巴塞尔委员会经过对大型银行的广泛调查确定的。

③ 市场风险所需监管资本的计算方法并没有发生改变，与《巴塞尔协议 I》相同。

$$风险加权资产 = 信用风险加权资产 + 市场风险加权资产 + $$
$$操作风险加权资产$$

$$核心资本率 = \frac{核心资本}{风险加权资产} \geqslant 4\%$$

$$资本率 = \frac{核心资本 + 附属资本}{风险加权资产} \geqslant 8\%$$

其中，某类风险加权资产规模为该风险所需监管资本量的 12.5 倍。

此外，《巴塞尔协议Ⅱ》给大型国际银行制定了一套监管准则，而给众多小银行制定了另一套监管准则。由于监管者担心小银行面临巨大的风险数据收集负担和复杂的风险度量计算，所以期望小银行使用标准法，大型国际银行使用内部模型法。

（二）支柱二：监督检查

设立支柱二的目的在于对支柱一进行补充，其内容包括支柱一已关注但是尚未完全捕捉到的风险（如信用集中风险）、完全没有关注到的银行内部风险因素（如战略风险）及银行外部风险因素（如经济周期的影响）。监管者不仅需要检查银行是否有充足的资本应对各类风险，还需要在发现问题时立即对话干预，以促使其监管资本达标。

而且，由于《巴塞尔协议Ⅱ》的风险加权资产的估算允许银行使用自己的模型，因此更需要监管者检验银行内部的风险评估程序和管理过程是否合理，确保其监管资本目标值与银行的自身风险和外部宏观经济环境相适应，并且鼓励银行提升检查和管理风险的技术手段。此外，巴塞尔委员会还强调，监管必须依据具体公开的准则，保持公正透明，同时，要提升监管者的跨国合作和交流。

（三）支柱三：市场纪律

设立支柱三的目的在于对支柱二和支柱一进行补充。支柱三提出了一系列的信息披露要求，以使市场参与者大致了解并评价银行的资本、风险状况、风险评估过程和资本充足率。在长期发展中，市场参与者可以比较银行的内部模型是否具有一致性，从而对银行自由选择风险评估模型的行为加以约束。

（四）存在的问题

虽然《巴塞尔协议Ⅱ》提升了风险度量方法的风险敏感性，增加了风险的种类，并且在风险管理框架中加入了监督检查和市场纪律，但它依旧不完美，主要存在以下问题。

首先，《巴塞尔协议Ⅱ》未完全贯彻实施时就爆发了2008年的国际金融危机。很多银行有可能在经济衰退时放大各类风险，由于监管资本量依赖于风险加权资产的计算，因此《巴塞尔协议Ⅱ》加剧了资本的顺周期性，即在经济上行期要求较少的监管资本，而在经济下行期要求较多的监管资本。这就会鼓励银行在经济扩张时承担更多风险，而在经济紧缩时承担更低风险，从而加剧了经济周期的波动。

其次，2010年秋季的商议会中，监管者认为《巴塞尔协议Ⅱ》导致了更低的资本规模和质量，从而加剧了全球信贷危机的爆发。银行利用更多的三类资本而非核心资本满足资本充足率，使资产价格暴跌造成的损失远远超过了资本的吸收能力。

最后，流动性风险是2008年国际金融危机全面爆发的关键因素之一。当资产价格大幅下跌时，银行为避免损失卖出所持有的资产，而卖出资产的行为又会继续降低资产价格，使更多人卖出该资产，导致该资产流动性枯竭。同时，由于各银行等金融机构相互关联，银行的流动性问题易相互传染，引发系统性危机。所以需要在风险管理框架中明确设立流动性风险的管理规则。

四、《巴塞尔协议Ⅲ》

2008年国际金融危机的教训令监管者意识到应该增强银行的流动性，降低杠杆率，关注系统性风险，使其能更好地应对经济周期。因此，《巴塞尔协议Ⅲ》对《巴塞尔协议Ⅱ》的三大支柱进行了改进，如表9-4所示。新的支柱一要求改良标准法和内部模型法使之计算出充足的监管资本量，更加关注资本中的股本，引入资本金留存缓冲和逆周期缓冲资本金，对交易业务和衍生品业务要求更高的资本金，并且增加交易对手信用风险所要求的监管资本。新的支柱二要求提升监管者对银行业整体的风险监管能力，包括更多的压力测试等。新的支柱三要求更多的风险披露，如与资产证券化相关的风险等。其目的在于从微观层面上提升银行资本的质量、一致性和透明度，从而更好地抵御信用风险，并且扩大框架中风险的涵盖范围。同时，在宏观层面上，关注整体的风险状况和宏观经济环境的影响。接下来，我们将对《巴塞尔协议Ⅲ》中的主要改革加以阐述。

表9-4 《巴塞尔协议Ⅲ》的三大支柱

支柱一	支柱二	支柱三
增加最低资本要求 控制流动性风险	提升监管者对银行业整体的 风险监管能力	增加风险披露促进市场自律

（一）最低资本要求

首先，《巴塞尔协议Ⅲ》改变了资本的范围以提高资本质量，从而有能力吸收更大的损失。巴塞尔委员会定义资本为核心一类资本、附加一类资本和二类资本。其中，普通股和留存收益构成核心一类资本，因为它们吸收损失的能力最强。之前计入一类资本但不是核心一类资本的部分构成附加一类资本，如非累积的永久优先股。二类资本的构成标准要求在各国间保持统一，并去掉了之前定义的三类资本。

其次，《巴塞尔协议Ⅲ》从各方面提高了监管资本量。从微观审慎监管来看，规定资本充足的银行必须满足以下资本比率，即

$$核心一类资本率 = \frac{核心一类资本}{风险加权资产} \geqslant 4.5\%$$

$$一类资本率 = \frac{核心一类资本 + 附加一类资本}{风险加权资产} \geqslant 6\%$$

$$资本率 = \frac{一类资本 + 二类资本}{风险加权资产} \geqslant 8\%$$

$$一类杠杆率 = \frac{一类资本}{整体风险暴露^{①}} \geq 4\%^{②}$$

其中，杠杆率的引入是对其他资本率的补充。一方面，杠杆率可以限制银行业的杠杆，从而降低不稳定的去杠杆过程给整体经济和金融系统带来的风险；另一方面，加入杠杆率可以防范模型风险和计量误差。

同时，巴塞尔委员会要求增加特定资本金，包括资本金留存缓冲、逆周期缓冲资本金和系统重要性银行新增资本要求。其中，银行可以在经济危机时利用资本金留存缓冲吸收损失，在经济形势大好时增加资本金留存缓冲，该缓冲要求增加一类资本，其规模至少为 2.5% 的风险加权资产；③ 增加逆周期缓冲资本金是为了使银行系统免受经济周期的影响，在经济过热时可限制信贷增速，而在经济衰退时可吸收损失，从而减弱经济的周期性波动，该缓冲要求增加一类资本，其规模为 0 ~ 2.5% 的风险加权资产；为了降低全球系统性重要银行的破产概率和其破产对全球金融系统造成的冲击，要求增加该类银行的核心一类资本，其规模为 1% ~ 3.5% 的风险加权资产。这三个新规从宏观审慎监管的角度出发，关注整个金融系统的风险状况，对之前的微观审慎监管进行了必要的补充。

（二） 流动性风险的管理框架

《巴塞尔协议Ⅲ》中提出了两个指标来监管银行的流动性风险，分别是流动性覆盖比率和净稳定资金比率。流动性覆盖比率要求对短期流动性加以监管，要求在所设定的长达 30 天的压力场景下，银行持有的易于变现且不是抵押品的资产量不低于该时期的资金净流出量。由于不同类型的资产在压力场景下转变成现金的能力差异很大，所以巴塞尔委员会设定了一级流动资产和二级流动资产。一级流动资产包括现金等，具有 100% 的转换系数；二级流动资产包括企业债等，其转换系数依赖于信用评级等。所

---

① 整体风险暴露等于表内资产规模和特定的表外资产规模之和。

② 此处,4% 的规定是美国对于资本充足银行的杠杆率的要求,巴塞尔委员会在《巴塞尔 Ⅲ:一个更稳健的银行及银行体系的全球监管框架》中将最小杠杆比率设定为 3%。

③ 低于该规模会导致银行的股息发放等受限制。

有流动资产的规模乘以其转换系数得到压力场景下的优质流动资产量。

净稳定资金比率要求对长期流动性加以监管，银行在为期一年的压力情景下仍有充足稳定的流动性维持银行的正常经营，即可获得的稳定资金量不低于所需求的稳定资金量。可获得的稳定资金量等于资金规模乘以ASF（Available Stable Fund）因子，而ASF因子取决于资金的稳定程度，其中股本显然是最稳定的资金来源①。所需求的稳定资金量等于需要资金支持的表内和表外资产项目规模乘以RSF（Required Stable Fund）因子，而RSF因子取决于该项目对资金支持的需求程度，其中现金显然是最不需要资金支持的项目，而风险越高的项目越需要资金支持。

（三）存在的问题

《巴塞尔协议Ⅲ》于2012年开始贯彻落实，尽管其中已经建立了宏观和微观的审慎监管框架，并且着重关注了流动性风险，扩大了风险覆盖的范围，但是仍然存在许多问题。

首先，《巴塞尔协议Ⅲ》的要求非常复杂，这使银行的风险管理成本大大增加，所带来的边际经济收益是否会更大呢？英国中央银行首席经济学家安德鲁·霍尔丹指出，各银行的风险度量模型已经变得太过复杂，以致得用400~1000年的数据才能满足所需要的统计置信度。同时，支柱二要求监管者检查银行的复杂的风险度量模型是否合理，这对监管者来说可能是很困难的，特别是在发展中国家。

其次，《巴塞尔协议Ⅲ》降低杠杆率和提升流动性的要求会降低银行的盈利能力。银行的传统业务要求"借短贷长"，而流动性风险的监管框架要求资产与负债的期限更为匹配。业务的变化会降低银行利润率，从而更加难以积累资本。

最后，《巴塞尔协议Ⅲ》仍然不能消除资本套利。例如，在《巴塞尔协议Ⅲ》中，由于逆周期监管资本在各国的要求不同，可能会导致不同国

---

① 股东一旦注资形成股本就不能要求退还其原始投资额，也不能强制要求分发股利等。

家银行的不公平竞争和全球性银行的资本套利。

对于这些问题，巴塞尔委员会仍在不断努力解决中，试图让监管资本与银行所需的抵御风险的资本量更加匹配，争取在简单性、可比性和风险敏感性之间取得更好的平衡。

第十章　金融风险与金融科技

一、金融风险与金融科技概述

近年来，金融科技作为一种金融创新在我国迅速发展，成为我国传统金融模式的一种有效补充。一方面，以阿里巴巴、腾讯为代表的第三方支付平台积累了海量的数据，而以大数据为基础的新型征信模式为大量的中小微企业和个人提供融资渠道，取得了巨大成功。然而，另一方面，在发展的过程中，以 P2P 为代表的新型巨大风险也频繁发生。e 租宝、泛亚等案件涉及数十万名投资者、上百亿元的资金。因此，在金融科技的发展过程中，我们往往看到科技与风险并行。如何更好地利用金融科技所带来的新契机？如何更好地防御新型风险？回答此类问题需要了解金融科技真正的内核，全面分析新型风险的成因。

金融科技在发展初期是以互联网金融模式出现的，在早期对我国金融系统的发展有着非常积极的作用。2015 年 7 月 18 日，中国人民银行等十部门发布《关于促进互联网金融健康发展的指导意见》（银发〔2015〕221号），对各类互联网金融进行分类，按照分类逐项进行管理及规范。此时监管层对互联网金融充满希望，提倡健康发展。然而，随后不断的 P2P 暴雷，使互联网金融这个词几乎淡出了人们的视野。接踵而来的是以区块链、大数据、人工智能等以技术为代表的金融科技的概念。到今天，互联网金融已经不再是热门，这与 P2P 频繁暴雷有关。

互联网金融是金融科技的重要组成部分，也是金融科技的早期发展阶段。以阿里巴巴支付宝和腾讯财付通为代表的第三方支付平台，可以看作金融科技发展的基础设施。第三方支付的快速发展积累了海量的数据，为金融科技的发展奠定了基础。大数据的出现，让人们获得了传统金融体系下无法得到的信息，为传统金融体系下得不到金融服务的中小微企业和个人提供了征信的基础，从而促进了金融科技的快速发展。而金融科技目前所包括的热门技术，如区块链、联邦学习等，其应用场景都是以大数据为基础而发展的。科技的发展伴随着风险，既要加速科技的发展，又要进行风险防范，因此理解金融科技的真正含义非常重要。金融科技虽然由科技的发展带来，但其金融的内核不变，对金融科技的理解还是要从金融的角度出发。本章首先对金融风险和科技进行一般性的论述，然后以大数据信贷为例分析金融科技的内核。

二、金融科技的发展

金融科技最早以互联网金融的业态出现，主要以第三方支付、P2P、众筹、互联网保险、智能投顾等商业模式出现。面对互联网金融的快速发展，尤其是第三方支付行业，我们需要了解的一个问题是：为什么互联网金融在中国发展得这么快？我们今天出门几乎可以做到不用现金，用支付宝和微信可以打车、乘坐地铁，甚至可以在路边的小摊买水果。而这在美国及欧洲等发达国家是不能想象的。目前我国的第三方支付行业已经排名世界第一。回想互联网金融的发展历程，很多创新模式其实国外早已出现，但却没有真正发展起来。以阿里巴巴为例，淘宝的模式很早就在美国出现，叫 eBay。而支付宝在美国叫 PayPal（贝宝），甚至 PayPal 也发展了美国版的余额宝。但是，在美国，互联网金融的发展远没有中国迅速。其原因何在？我们在本章对金融科技的发展进行论述，并回答这一问题。

（一）第三方支付

金融科技的发展，离不开基础设施的建设。而金融科技的基础设施就是能够积累大数据的终端，也就是第三方支付终端。可以说，如果没有第三方支付作为媒介对金融大数据进行收集，就没有今天金融科技的繁荣。那么，为什么第三方支付的发展在中国？一般来讲，商业银行最重要的运营模式就是存、贷、汇。而我国的银行业长期以来一直处于利率管制的业态，银行存贷之间的收益十分稳定，风险极低。因此，在我国早期的商业银行业务中，"汇"占比很小，而在欧美的商业银行系统中，"汇"的业务可以占到四分之一。可以说，我国商业银行对"汇"的业务并不是很看重，这给了第三方支付发展的空间。

第三方支付可以定义为：独立于商户和银行并且具有一定实力和信誉保障的独立机构，为商户和消费者提供交易支付平台的网络支付模式。最为大家熟知的就是支付宝模式。支付宝模式是以虚拟账户＋担保交易，解决了信息不对称的问题。图10－1给出支付宝的运营模式。

图 10－1　支付宝模式

（资料来源：罗煜，宋科，邱志刚. 互联网金融中的非法集资典型案例解析［M］.

北京：中国金融出版社，2019）

我们看到，当交易开始时，买家把钱打到支付宝账户（虚拟账户），卖家并没有收到款。当交易完成时，也就是买家对产品满意时，支付宝才把钱打给卖家。

虽然看上去支付宝只是暂缓付款过程，但实际上解决了买卖双方的信息不对称问题，促进了网上交易的繁荣。网上交易量不断攀升，很多支付宝的用户为了方便，在支付宝里会留存一部分资金。阿里巴巴看到了这部分闲置资金，推出余额宝将这部分资金和货币市场连接起来。从资金使用效率来看，余额宝有效地利用了闲置资金，提高了效率。2013 年被称为互联网金融元年，主要就是因为余额宝于该年推出。余额宝是在第三方支付平台上衍生出的金融业务，并在一定程度上与商业银行产生了竞争。[①]

第三方支付的另一个衍生产品就是大数据，而大数据才是金融科技真正的内核。网商模式让买卖双方的交易信息都留存下来，形成了海量数据。而这些数据可以让我们得到一些传统金融系统内看不到的信息，正是这些信息让中小微企业和个人的征信成为可能。有了征信，就有了享受各种金融服务的基础。

（二）大数据金融

我国的金融体系是以银行为主导的，而且存贷利率受到政府严格管制。因此，个体投资者缺乏投资渠道，只能把大量的闲置资金存入银行，而一些中小微企业，其融资渠道十分缺乏。以互联网为基础的第三方支付通过余额宝等方式与货币基金联系起来，盘活了一定的存量资金。阿里小贷以第三方支付所提供的海量交易数据为基础，为中小微企业提供融资渠道。这种新的模式能更加有效地促进资本的流动和使用，为推动经济发展起到了重要的作用。

阿里巴巴作为最成功的互联网金融公司之一，广泛吸引了媒体和大众的注意力。从支付宝到余额宝，再到阿里小贷，阿里巴巴形成了一整套以第三方支付为平台的网上交易及投融资系统。阿里巴巴用第三方支付平台支付宝来协调买卖双方的交易。当卖方卖出商品时，买方将钱打入支付宝，当且仅当买方对商品满意收货后，卖方才能从支付宝得到货款。阿里巴巴从交易记录中得到网商的交易信息，可以为其提供一定量的贷款，这个过程就是阿里小贷的运营模式。[②] 一方面，商家卖出货物并不能马上得到钱，有资金的需求。另一方面，一般网商规模相对较小，在我国以商业银行为

---

① 余额宝的本质是把钱投到天弘基金的增利宝，而增利宝的钱最终投到银行间市场。因为利率较高，在余额宝推出的初期，大量的银行存款搬到了余额宝账户，一定程度上与商业银行形成了竞争关系。
② 我们在后面的章节会对阿里小贷模式进行详细的讨论。

主体的金融系统下很难从银行融到资金。因此，阿里小贷为其发展提供了有效的资金。

在互联网时代，大多数人会在互联网上留下大量的个人信息，因此也形成了与个人相关的大数据。在这样的背景下，以个人大数据为基础的个人征信发展也十分迅速。还是以阿里巴巴为例，阿里巴巴根据淘宝和支付宝上的个人行为，开发了为个人征信的芝麻信用。芝麻信用根据个人的身份特质、信用历史、履约能力、人脉关系及行为偏好为个人提供了征信基础。图 10-2 列出了芝麻信用的构成因素。

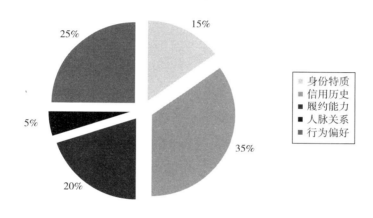

图 10-2 芝麻信用的构成因素

（资料来源：罗煜，宋科，邱志刚. 互联网金融中的非法集资典型案例解析 [M].

北京：中国金融出版社，2019）

芝麻信用和美国的 FICO 类似，但评分标准却大不相同。图 10-3 列出了影响 FICO 的各种因素。

从图 10-3 可以看出，影响 FICO 的因素包括支付历史、欠款金额、信用历史、新信用卡及使用过的信用卡的数量。换句话说，FICO 的所有影响因素都是与信用强相关的，都是与支付和信用卡相关的。而芝麻信用只有55%（信用历史和履约能力）与信用强相关，其他因素都是从大数据中得到的信息。从这个角度来讲，芝麻信用考虑了传统的 FICO 所覆盖不到的

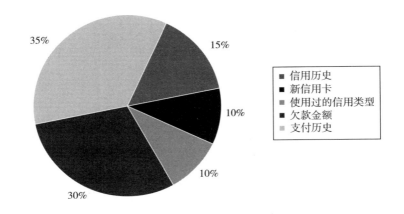

图 10 – 3   FICO 的构成因素

（资料来源：https：//www. myfico. com/credit – education/whats – in – your – credit – score）

更多的信息。[①]

大数据的基础设施是第三方支付，因此，大量的金融科技业务已从第三方支付平台发展起来。

以支付宝为基础的大数据金融可以覆盖几乎所有的金融业务，对行业有着积极的作用。然而，在快速发展的过程中，也出现了一些新型的风险。

三、新型金融风险

在金融科技，尤其是在前期的互联网金融快速发展的背景下，新型金融风险也不断涌现。新型金融风险主要包括 P2P 网贷、股权众筹、虚拟货币等主要风险点。P2P 网贷容易突破其信息中介本质成为信用中介，导致风险发生；股权众筹是一种以股权作为回报的基于互联网渠道来进行融资的模式，众筹中出现的高回报承诺、夸大虚构、资金自筹等问题导致风险多发；依托互联网技术的虚拟货币除本身价值受到质疑外，大批打着虚拟

---

① 事实上，在美国也有一些公司专注 FICO 覆盖不到的一些客户。例如，Zest – Finance 就关注 FICO 分数在 500 分以下的潜在优质客户。

货币旗号的虚假交易所、虚假融资项目同样给金融业带来巨大的风险。由于风险种类众多，本章主要关注 P2P 网络借贷风险，对其他类型风险不再一一赘述。

P2P 网络借贷（Peer to Peer Lending），又称个体网络借贷，是指个体与个体之间通过网络借贷平台所实现的直接借贷，其本质属于民间借贷的一种。[①] 2007 年国内首家 P2P 网贷平台在上海成立，走出了国内 P2P 网贷平台发展的第一步。在发展初期，由于绝大多数的创业人员为互联网创业人员，没有民间借贷经验和相关金融操控经验，所以平台以信用借款为主。而自 2012 年起，具有民间线下放贷经验的创业者开始尝试 P2P 网贷平台，使平台逐渐向"以地域借款为主"转变。随后，网络借贷系统模板的开发更加成熟，网贷平台模板的购买成本低廉，使 P2P 网贷平台进入爆发期，蓬勃发展。

2012—2015 年是 P2P 平台野蛮生长时期，由于缺乏相应监管规则、监管主体不明确等原因，国内 P2P 处于试错和摸索阶段，并没有一个标准的模式出现。2015 年 11 月，P2P 网贷行业整体成交量达 1331.24 亿元，历史累计成交量达 12314.73 亿元。规模快速扩张带来的后果就是各种风险不断爆发。大平台倒闭、跑路事件频频发生，使大量中小投资者遭受巨额损失，对我国金融稳定造成了恶劣影响。随着我国网贷监管细则正式落地，及各种政策文件的发布，P2P 网贷结束"野蛮生长"，进入严监管时代。行业发展逐渐回归理性，一批 P2P 平台被迫转型或退出，而一些新平台则发展迅猛，呈现出两极分化的趋势。

根据天眼研究院不完全统计的数据，截至 2019 年 12 月 30 日，我国 P2P 网贷平台数量达 6656 家。累计问题平台达 2936 家，在运营平台达 366 家，同比下降 66.97%，2019 年 12 月 P2P 网贷行业的成交量为 428.89 亿元，环比下降 15.28%，同比下降 59.55%（见图 10 − 4）。

---

① 从 P2P 的定义来看，其本质就是民间借贷，只是互联网平台的外衣让其变成了一种金融创新。

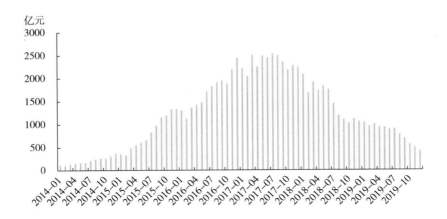

图 10 − 4　2014—2019 年 P2P 行业成交额

（资料来源：网贷之家 https：//www. wdzj. com/dangan/）

从行业成交额来看，2016 年保持平稳增长，2017 年初成交额增长近一倍，之后有所回落，但仍保持在较高水平。但从问题平台数来看，情况却不容乐观，2017 年至 2019 年 12 月，累积问题平台数持续上升，淘汰率达44.11%。其中，2017 年新增平台数明显下降，新增问题平台数增长放缓，每月保持在 100 家左右（见图 10 − 5 和图 10 − 6）。

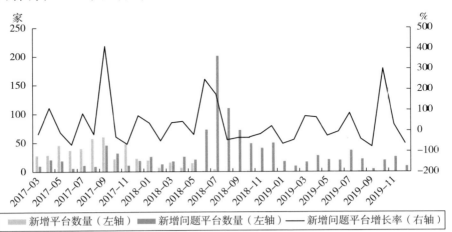

图 10 − 5　2017—2019 年新增平台与问题平台数量

（资料来源：网贷之家 https：//www. wdzj. com/dangan/）

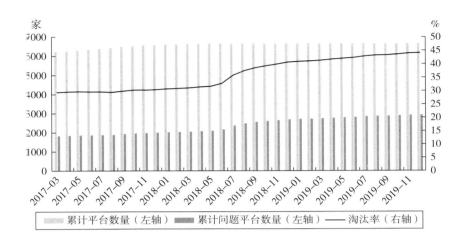

图 10 - 6　2017—2019 年问题平台数量

(资料来源：网贷之家 https：//www.wdzj.com/dangan/)

从对比中可以明显看出，新增问题平台数远大于新增平台数。这一方面表明 P2P 行业面临较大的退出压力，行业正面临结构的重新调整。另一方面，表明监管政策产生了一定效果。目前网贷业仍处于整改期，预测未来网贷平台数量将进一步下降，逐渐转入寡头竞争时代，规模小、不规范的平台数将逐渐减少，而规模较大、合法运营的平台能够扩大市场规模，得到更多发展机会，推动网贷行业向健康有序的方向发展。

从收益率来看，受新规影响，P2P 网贷平台的综合收益率持续下降。根据网贷之家的数据，行业收益率在 2014 年 2 月达到 22% 的高点后，之后逐年下降。2019 年 12 月，网贷行业的综合收益率为 9.46%。

从问题平台原因来看，失联即俗称"跑路"的平台占比高达 62.36%，其次，经营不善造成提现困难的占 20.86%，其他原因中止运营的占 8.07%。而良性退出仅占 0.63%（见图 10 - 7）。问题平台良性退出困难，给投资者的资金带来了巨大风险。因此，监管的方向主要有两个：一是事前监管，提高准入门槛及合规成本，防止劣质平台进入；二是事后监管，加强对现有平台的监管，及时发现问题，引导良性退出。

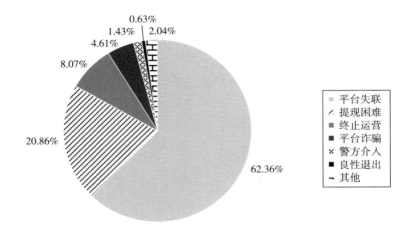

图 10 - 7　全国问题平台原因占比

（资料来源：第一网贷 www. p2p001.com）

《关于促进互联网金融健康发展的指导意见》明确了 P2P 网贷的本质：个体网络借贷要坚持平台功能，为投资方和融资方提供信息交互、撮合、资信评估等中介服务。个体网络借贷机构要明确信息中介性质，主要为借贷双方的直接借贷提供信息服务，不得提供增信服务，不得非法集资。由此可见，P2P 网贷平台实际上为网贷信息中介机构，不具备吸收存款的功能。而在现实中，出现的大量以 P2P 为载体的非法集资案件，它们大多突破了 P2P 作为金融中介的本质，以各种名义大规模吸收资金。具体而言，有以下几种共同模式。

1. 虚假宣传高息回报

正规 P2P 平台的年化收益率往往在 10% 以下，与银行贷款利率接近。以陆金所旗下的 P2P 网贷陆金服为例，产品期望年化收益率均不超过 9%，但在非法集资案中，多数平台对外号称收益率可达 20% 甚至更高，而且还设立了多投资多返利的奖励机制，以此来吸引大众加大投资额，甚至有些平台还通过抽奖、送礼等活动来留住老客户并吸引新客户。

2. 发布自营项目、虚构项目

中国银监会等四部委发布的《网络借贷信息中介机构业务活动管理暂

行办法》（银监会令〔2016〕1 号）第十条规定，网络借贷信息中介机构不得为自身或变相为自身融资；不得虚构、夸大融资项目的真实性、收益前景，隐瞒融资项目的瑕疵及风险，以歧义性语言或其他欺骗性手段等进行虚假片面宣传或促销等，捏造、散布虚假信息或不完整信息损害他人商业信誉，误导出借人或借款人。

在违法案件中，不法平台为了应对投资者的考察，会通过购买相关企业信息的方式虚构投资项目，以取得投资者信任。如在 e 租宝事件中，安徽钰诚融资租赁有限公司风险控制部总监称，"e 租宝上 95% 的项目都是虚假的"。他们通过专人用融资金额的 1.5% ～ 2% 向企业购买信息，再将这些企业信息填入准备好的合同里，制成虚假的项目在 e 租宝平台上线。同时，为了增强投资者的投资信心，e 租宝还通过更改企业注册金等方式包装项目。除了购买信息虚构项目，还有平台直接编造项目信息，骗取投资者资金。除了虚构项目，部分平台负责人也会发布自营项目，通过对项目包装，吸取投资者资金为自己名下或实际控制的企业融资，从而违背了平台中介本质。

3. 自建资金池

按照运行要求，P2P 网贷平台应将融资资金通过第三方支付平台转移至资金需求方，通过收取交易手续费、服务费等盈利。但由于缺少监管，非法 P2P 平台并没有将资金转入第三方支付平台，而是转入自有资金账户或个人账户，形成资金池，投资于房地产、证券交易、购买奢侈品等项目中，甚至用于个人消费。而由于信息不对称，投资者对项目真实运作情况与资金流向情况不了解，使这类平台往往能够在短时间内形成巨额资金池。

4. 借新还旧的庞氏骗局

正规的 P2P 网贷平台能够通过项目收益给予投资者相应回报，而违法的 P2P 网贷平台所发布的项目多为虚构的，所吸收的资金被用于负责人的个人消费与投资，所以平台难以按承诺给予投资者回报。因此，这类平台通过更大规模拉取投资者，使用新投资款偿还原有投资者的投资款，借新还旧来维持平台的生存，这是典型的庞氏骗局模式。而大多数非法集资的

P2P 网贷平台往往无法长期持续这一骗局，一旦资金链断裂，平台资金池将崩溃，从而导致系统性金融风险发生。

四、P2P 具体案例

截至 2020 年，P2P 平台暴雷多起，一般金额大，涉案人多。[①] 在众多案件中，又以 e 租宝和泛亚交易所案件最为出名。在本章，我们以这两个案件为例，为读者分析 P2P 案件特征。

（一）e 租宝

2015 年 12 月爆发的 e 租宝案可以说是 P2P 行业发展中最有代表性的一次事件。e 租宝案爆发后，监管层对互联网金融行业的态度有了非常大的转变。在 2015 年 7 月 18 日，中国人民银行等十部门发布《关于促进互联网金融健康发展的指导意见》时提到了"健康发展"。而在 2017 年 8 月 24 日，国务院法制办公室发布《处置非法集资条例（征求意见稿）》时，就开始强调对互联网金融行业的监管和调查了。在 e 租宝案中，"钰诚系"相关犯罪嫌疑人通过 e 租宝交易平台以高额利息为诱饵，虚构融资租赁项目，持续采用借新还旧、自我担保等方式大量非法吸收公众资金，累计交易发生额达 700 多亿元。

我们先来看一下 e 租宝案整个事件的过程。在 2014 年 2 月，北京金易融（北京）网络科技有限公司注册成立，而钰诚集团收购金易融。在此基础上，钰诚集团于 2014 年 7 月上线 e 租宝平台，并在之后的一年中发行各类产品。e 租宝通过包括主流媒体在内的电视广播、网络媒体、地面广告等进行广泛宣传，推广产品的同时树立了良好的形象。2015 年 5 月，"e 租宝号"高铁列车首发。同年 12 月，e 租宝被经侦突查，公安部对"钰诚系"主要高管实施抓捕。2016 年 1 月，e 租宝平台的 21 名涉案人员被北京

---

① P2P 案件有涉众性，正常金融机构出了问题，一般由一行两会（早期为一行三会）处理。然而，P2P 案件涉及大量个体投资者，这些投资者的第一反应往往是去公安局报案。这令公安机关很难处理。

检察机关批准逮捕，涉及资金达 500 亿元。2017 年 9 月，e 租宝案公开宣判：涉事公司集资诈骗被重罚 18.03 亿元，集团首脑被判无期徒刑，另有 24 人获刑 3 年至 15 年不等。

e 租宝运营模式其实并不复杂，其运营模式采用 A2P（Asset to Peer）模式。主要是搭建一个平台，吸引个人投资者，然后通过融资租赁、保理等模式，利用互联网的高效帮助中小企业快速获得资金，提升企业的运转效率。图 10 – 8 给出了 e 租宝运营模式。

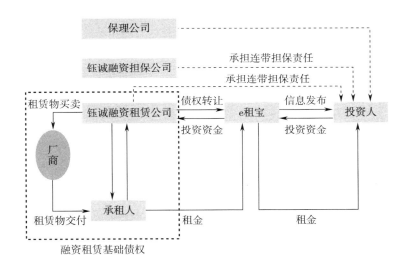

图 10 – 8　e 租宝的运营模式

（资料来源：罗煜，宋科，邱志刚. 互联网金融中的非法集资典型案例解析 [M].

北京：中国金融出版社，2019）

从图 10 – 8 中可以看出，e 租宝的核心资产是钰诚融资租赁公司的融资租赁业务，也就是图 10 – 8 中粗线框内的部分。钰诚融资租赁公司买入厂房或设备，然后以融资租赁模式租给承租人。承租人以租金模式付给钰诚融资租赁公司，得到设备的使用权。因为租金是可以预测的，稳定的现金流，因此就具备了资产证券化的基础，于是钰诚融资租赁公司就利用 e

租宝平台向公众发放产品。① 这就是 e 租宝的基本模式。其实从这个模式上看，虽然谈不上创新，但也算是一种不错的融资方式，为什么会出现崩盘呢？

从 e 租宝的过程来看，好像一个闹剧一样，一个互联网金融平台，融资几百亿元，然后就暴雷倒闭了。e 租宝最大的问题是其基础资产（融资租赁）的规模是有限的，而利用 e 租宝平台进行融资，几百亿元的资金涌进来，基础资产的回报率根本承担不了这么多资金，导致 e 租宝的管理者需要寻找新的、高回报的投资机会。高回报往往伴随着高风险，一旦风险爆发，资金链就断了。此时 e 租宝就只能借新还旧，就成了庞氏骗局。事实上，e 租宝95%的项目都是虚构的，其主要通过专人用融资金额的1.5%~2%向企业购买信息。

当然，除了 e 租宝自身的问题，还有制度上的问题。e 租宝平台缺乏第三方独立的托管平台，e 租宝融到资金没有转入一个第三方的独立账户，没有任何监管，造成资金用途不明。另外，e 租宝在各大主流媒体上都做了相应的广告，还邀请了知名学者和名人为其站台，这些都在一定程度上起到了推波助澜的作用。最后，投资者教育也是需要推进的事情。很多投资者在买 e 租宝产品时，关心的都是高收益，没有人关注风险，而高收益伴随着高风险其实是金融学的基本常识。

（二）泛亚有色金属交易所

泛亚有色金属交易所成立于2010年，是云南省昆明市的重大招商引资项目。泛亚旗下也有一个理财产品平台，叫日金宝，其主要目的是为交易提供融资。日金宝对外公开承诺一定的回报，其收益来源是泛亚有色金属交易所内的购货商，模式类似于理财产品。但后期由于购货商的需求有限，交易所交易量不足，日金宝无法维持原模式，致使泛亚违法进行非法集资来维持。泛亚平台在2015年爆发，涉及430多亿元资金，导致全国27个

---

① 从这个模式看，其实 e 租宝也不是真正的P2P。

省（自治区、直辖市）的 22 万人受害。

泛亚的运作模式也比较简单，具体如图 10 - 9 所示。

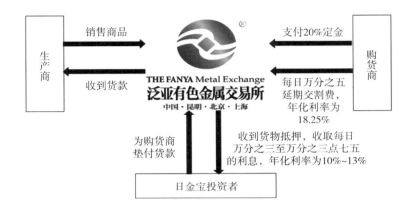

图 10 - 9　泛亚的运营模式

(资料来源：罗煜，宋科，邱志刚. 互联网金融中的非法集资典型案例解析［M］.

北京：中国金融出版社，2019)

泛亚本身是一个有色金属的交易平台，因此平台上很自然就有生产商和购货商。而日金宝推出的目的在于为购货商提供融资，因此购货商的延期交割费是日金宝投资者利润的来源。按照泛亚的运营模式，购货商融资后，每天的利率是万分之五，因此，一年利率就是 18.25%。泛亚作为平台，收取三分之一的利息，因此日金宝投资的年化收益率大概为 13%，是一个相当不错的收益。

从泛亚的运营模式可以看出，其本质是把日金宝投资者的投资借给交易所内的购货商，从而得到利息。从这个模式上看，也不是很差，但平台也出现了问题。和 e 租宝类似，大量的资金涌进日金宝平台，然而购货商的需求却有限。如果没有那么多的购货商，日金宝的资金也就没有回报。因为泛亚也没有一个第三方的托管账户，因此，泛亚平台的管理者可以自由挪动资金。在没有购货商的情况下，泛亚把日金宝投资者的钱直接买了贵金属，就变成了图 10 - 10 所示的模式。

图 10 – 10　泛亚的运营模式

（资料来源：罗煜，宋科，邱志刚. 互联网金融中的非法集资典型案例解析 ［M］.

北京：中国金融出版社，2019）

在这种模式下，交易实质是投资者直接买了贵金属。但问题是，投资者投资的利息从哪里来？泛亚平台让生产商做一个反向操作，用 20% 的货款再开一个多单。多单操作最开始的目的是防止砸盘，但在实际中基本用来支付日金宝的投资收益。然而，为什么生产商会愿意开出多单呢？主要是泛亚有色金属交易所内的金属价格会比外面高出 20% 还不止，原因就是交易所内大量的买单推高了价格。① 因此，生产商哪怕花 20% 的钱开多单，其总体还是盈利的。如果这个模式能一直持续下去，泛亚平台也没什么问题。然而，从 2014 年到 2015 年，股市经历了一个大牛市，很多投资者要把投资撤出泛亚，这样的冲击让泛亚的资金链彻底断了，日金宝也就崩盘了。

其实泛亚的很多问题和 e 租宝的问题类似，大量的主流媒体的广告、政府和名人的背书，都让投资者盲目相信泛亚平台是安全的。而在监管上的漏洞，如没有第三方托管账户，令泛亚平台和投资者之间有严重的信息不对称，投资者根本不知道他们的投资到底是在购货商那里还是直接买了贵金属。

总之，以金融科技作为包装的 P2P 平台的大量暴雷让人们对金融科技的发展产生了怀疑。事实上，我们需要一些理论上的分析来找出金融科技

---

① 泛亚还利用会员制度不允许外面的生产商加入平台。

真正的内核是什么。

五、大数据信贷的经济解释

互联网技术的发展为金融创新的发展提供了契机，而金融科技和传统的金融模式的区别也在于数据技术的广泛应用。电子计算机及智能手机的普及使我们得到了大量的网络交易数据，从而为我们提供了前所未有的海量信息。Merton（1992）总结了金融系统的六大功能，其中之一就是解决不对称信息所带来的问题。新的数据带来新的信息，也带来新的信息处理方式，从而导致不同的金融创新模式。自2013年以来，互联网金融/金融科技强势崛起，搅动了中国金融业的一池静水。在互联网金融异军突起后，许多人对它的发展前景抱有极大的信心。谢平（2013）认为，互联网金融是对传统金融的颠覆。① 面对当前金融科技的发展势头，无论实践界还是学界都很关心一个问题：金融科技会颠覆传统金融吗？邱志刚、罗煜、江颖和伍聪（2020）试图对该问题进行回答。他们选取的角度是大数据信贷，考虑了以下问题：与传统银行信贷模式相比，经过金融科技改造的信贷模式有什么优势？能否在理论层面对传统金融和金融科技开展信贷业务上的差异作出严谨的解释？

（一）背景

在中国过去几十年的金融发展中，以银行为代表的传统信用中介在融资方面一直发挥主导作用，然而在互联网金融发展初期，不少人认为P2P网贷作为互联网金融的代表，未来很有可能替代传统银行信贷。面对P2P的繁荣发展，银行也感到压力，于是一些银行还成立了P2P平台公司。实际上，银行信贷和P2P借贷是性质迥异的事物，前者是间接融资，后者是直接融资。这几年，P2P网贷平台的问题集中暴露，监管趋严之后，P2P

---

① 谢平. 互联网精神对传统金融有颠覆性［EB/OL］. http：//finance. caixin. com/2013 - 12 - 24/1006-1266. html.

发展陷入瓶颈。与此同时，以微众银行等为代表的金融科技公司着力开发大数据信贷，实现了人工智能化的授信审批流程，在信贷风险控制上比传统银行信贷模式更有成效。这让商业银行真正感到竞争的压力，纷纷开展了金融科技升级，甚至曾经高高在上的国有商业银行也放下身段与互联网企业开展合作。近两年，大数据信贷方兴未艾。2019 年在全国两会上，中国银保监会主席郭树清曾表扬中国银行业在利用大数据降低不良率方面做了很多探索，有的将不良率控制在了 1% 左右的较低水平。①

尽管国内已有少量文献讨论了互联网金融/金融科技的基础理论（如谢平等，2015），一些研究也指出了大数据有助于解决信息不对称导致的道德风险和逆向选择问题，但多数对金融科技的研究还集中于定性描述和经验研究。权威中文文献中极少有真正用严谨的经济学语言去论证金融科技如何解决信贷业务中最关心的道德风险和逆向选择问题：需要什么样的信息？解决过程是什么样的？机理何在？成效如何确定？

邱志刚、罗煜、江颖和伍聪（2020）应用信息经济学模型讨论了金融科技对传统金融的"颠覆"问题。有些金融科技主要对传统金融商业模式作出改变（如由线下经营转移到线上），相当数量的 P2P 网贷平台、理财平台即如此；有一些则涉及传统金融的内核，如大数据信贷。金融科技对信贷业务最大的改进应当不在于表层的商业模式的改变，而在于它改造了金融风险管理的内核，让资金的出借方以较低的成本获取大数据，通过大数据分析获得更强大的甄别、控制信贷风险的能力，降低信息不对称性。大数据信贷的优势在于它能收集和处理传统信贷模式中无法获得的信息，从而能更好地甄别借款人的资质，解决困扰金融业的道德风险和逆向选择问题，客观上拓展了金融服务的边界，实现了金融的普惠。

邱志刚、罗煜、江颖和伍聪（2020）的主要工作是构建了一个存在不对称信息的模型，详细推导了金融科技如何有助于解决传统信贷模式不能解决的一些问题，主要是道德风险和逆向选择这两个金融学最为重要的问

---

① 张歆，李冰. 在部长通道被点赞银行：用大数据解决小微融资痛点［N］. 证券日报，2019 – 03 – 12.

题。作为公众熟知的金融科技创新——P2P 网络贷款，虽然商业模式很新颖，但大多数的 P2P 网贷平台运营中，基于线下的传统风控手段内核没有变，甚至一些 P2P 网贷平台直接对接线下经营的传统小额贷款公司。如此，P2P 平台并没有比传统信用中介额外获取多少私人信息，依然无法真正解决小额信贷的风控难题。而基于大数据的信贷之所以有优势，是因为它通过大数据分析，产生了新的、对信用审查有用的信息。

邱志刚、罗煜、江颖和伍聪（2020）试图论证，在都不使用大数据的前提下，银行要比 P2P 融资在风控方面更有优势，因为前者解决了部分信息不对称的问题。即使在金融科技的包装下，P2P 融资的信息不对称依然严重，投资者很难自己获取和分析借款人的私人信息，只能依据借款人主动提供的信息，或者依赖 P2P 平台的评级结果。由于大多数平台本身缺少创新的征信手段，其风控能力不会强于银行，更不可能去替代银行，它更多的是填补银行不去服务的空白客群。真正能够对传统银行信贷模式产生冲击的是大数据信贷，后者在信息的获取和处理能力上要优于传统线下模式，因此能够更好地开展征信和信用评级，从而覆盖过去银行无法服务的客户群体。当大数据信贷和人工智能审贷相结合后，大数据信贷机构不仅具有较强的风控能力，也具备成本优势，这对传统银行是一个非常大的挑战。

邱志刚、罗煜、江颖和伍聪（2020）通过严格的模型推导论证了大数据信贷的机理，比较了直接借贷模式、传统银行信贷模式和大数据信贷模式的差异，从理论层面揭示出大数据信贷的优势，弥补了该领域理论研究的匮乏。邱志刚、罗煜、江颖和伍聪（2020）认为，大数据信贷模式是对传统银行信贷模式的升级，对传统银行的生存构成了一定的挑战，银行需要与时俱进，合理利用大数据开展信贷；他们还认为，缺乏大数据支持的 P2P 网贷模式，通常只是传统民间借贷在商业模式上的改良，并不能有效改善信息不对称的问题，和传统银行相比在风控上并无优势。因此，不是所有标榜"金融科技"的网络借贷都能真正体现金融科技的优势，嵌入大数据技术内核的互联网信贷才代表着金融的发展潮流。这为监管部门在制定相关政策时提供了参考。

（二） 模型机理

邱志刚、罗煜、江颖和伍聪（2020） 通过构建信息经济学的模型对借贷这一事件进行分析，图 10 - 11 展示了该模型的基本思路。

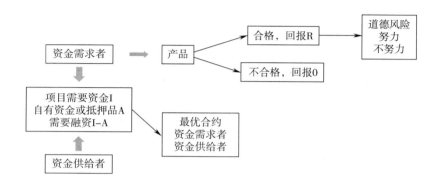

图 10 - 11　信息经济学模型

首先，有资金的需求者，可以看作有好的项目却没有资金进行运作的企业家。[①] 其次，有资金的供给者，可以看作投资者，他们有一定的闲置资金，需要进行投资得到回报。企业家可以生产一种产品，该产品如果是合格品，会产生丰厚的回报（在模型中回报为 R），企业得到回报后，将一定利润分配给投资者。然而，产品有一定的可能性是不合格的，如果不合格，企业家得不到任何收益，企业破产，而投资者也得不到任何回报。企业家和投资者之间存在信息不对称，也就是道德风险。具体来说，投资者观察不到企业家是否努力工作。为了解决道德风险问题，投资者和企业家之间可以签订一个合约，决定将来利润的分层方式，并让企业家努力工作。这个合约可能是股权，也可能是债权，或者是其他的金融工具。这个模型把金融和实体经济联系起来，说明好的实体经济需要金融来支持。

这个模型的基本思路源自 Holstrom 和 Tirole （1997） 的文章。该文章主

---

① 在模型中，我们假设企业自有资产为 A，但总投资需要 I，因此企业家要融资 I - A 的资金。另外，自有资产 A 起到抵押品的作用，这在模型分析中非常重要。

要结论是，由于信息不对称的存在，资金需求者如果没有资产作为抵押是借不到款的，或者说真正的无抵押借贷是不存在的。这个结论看似简单，其实推论非常广泛。在我国，中小微企业融资难的问题其实就是这个原因。Holstrom 和 Tirole（1997）提出的解决方案是商业银行可以起到监督者的作用，改善道德风险问题。然而，商业银行也不能覆盖所有的企业，因为商业银行本身也有道德风险，那么谁来监督监督者呢？

邱志刚、罗煜、江颖和伍聪（2020）基础模型中引入了大数据。当大数据足够详细时，采用一定分析方法可以得到商业银行所看不到的信息，而这些信息可以作为中小微企业征信的基础。于是大数据可以覆盖商业银行覆盖不到的客户群体，增加金融的普惠性。同时大数据可以在一定程度上解决道德风险问题，具体示范如图 10 - 12 所示。

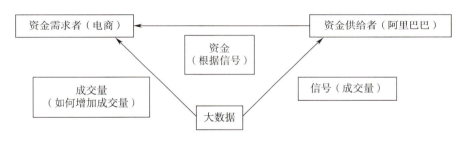

图 10 - 12 大数据解决道德风险

图 10 - 13 可以用阿里小贷的例子来进行说明。以支付宝为代表的第三方支付平台是阿里巴巴运营的关键环节，因为支付宝作为基础设施产生了大数据。当企业将产品卖给消费者时，交易并没有马上完成，只有消费者收到产品，并满意收货后，一次交易才算结束。而阿里巴巴会根据交易成功的数量来获取信息，从而决定是否为企业提供融资。显而易见，交易成功次数越多，企业越容易得到资金。因此，为了得到资金，企业会努力提高产品的质量，提高交易成功的概率，因此解决了道德风险问题。表 10 - 1 给出了阿里小贷具体的信贷模式。

表 10 - 1　　　　　　　　　　阿里小贷的信贷模式

产品名称	申请条件	额度	期限	利率	还款方式	提前还款
阿里巴巴信用贷	1. 诚信通或阿里巴巴中国供应商会员； 2. 18~65 周岁，中国大陆居民； 3. 注册地在北京、天津、上海、浙江、山东、江苏、广东，且成立满 1 年； 4. 近 12 个月销售额不小于 100 万元； 5. 无不良记录	2 万~100 万元	12 个月	万分之五	一般按照等额本息方式还款	提前还款收取本金部分 3%的提前还款手续费
网商贷	1. 成立满 1 年； 2. 18~65 周岁，中国大陆居民； 3. 信用记录良好； 4. 阿里巴巴国际站金品诚企或出口通会员	2 万~100 万元	一般 12 个月，优质客户 6 个月	万分之五	一般按照等额本息方式还款，优质客户可申请 6 个月期限的按月还息，到期还本	提前还款收取本金部分 3%的提前还款手续费
淘宝信用贷	1. 店铺最近半年每个月均持续有效经营； 2. 信用记录良好； 3. 店铺注册人 18~65 周岁	1 万~100 万元	6 个月	万分之五	按期付息，到期还本	无手续费
			12 个月	万分之五	等额本金	前 3 期提前还贷，手续费为本金的 2%，第 4~第 9 期提前还贷，手续费为本金的 1%，第 9 期及以后还贷无手续费
淘宝订单贷	1. 店铺注册人年满 18 周岁； 2. 最近 2 个月每个月持续有效经营； 3. 诚实守信，店铺信用记录良好	根据"卖家已发货买家未确认"订单进行评估，结合店铺整体的经营情况计算	最长不超过 60 天，订单交易到账后系统自动还贷	万分之五	按日计息，到期自动扣款，也可提前还款	可提前还款，无手续费

续表

产品名称	申请条件	额度	期限	利率	还款方式	提前还款
天猫信用贷	1 店铺最近半年每个月均持续有效经营； 2 信用记录良好； 3 店铺注册人 18~65 周岁	1 万~100 万元	3 个月	万分之五	贷款发放后，一旦有交易收入，系统自动扣取对应货款的 30% 进行还贷，3 个月内还清即可	未到期提前还款要收取还款本金 2% 的手续费
			6 个月	万分之六	6 个月随借随还，按日计息，到期一次性还本付息	可提前还款，无手续费
			12 个月	万分之五	等额本金	到期前 9 个月提前还款需收取对应还款金额 2% 的手续费
天猫订单贷款	1 店铺注册人 18~65 周岁； 2 最近 2 个月每个月持续有效经营； 3 诚实守信，店铺信用记录良好	根据"卖家已发货"的订单进行评估，结合店铺整体的经营情况计算贷款额度	最长不超过 60 天，订单交易到账后系统自动还贷	万分之五	按日计息，到期自动扣款，也可提前还款	可提前还款，无手续费
聚划算专项贷款	1 店铺经营时间满 6 个月； 2 信用记录良好； 3 聚划算竞拍成功； 4 参团商品不属于虚拟类、生活服务类、生鲜类	额度是综合评估的，优质客户最高可以获得保证金的全额贷款	从放款之日起至聚划算保证金正常解冻日为止	万分之五	按日计息，到期一次性还本付息	不能提前还款

资料来源：罗煜，宋科，邱志刚. 互联网金融中的非法集资典型案例解析［M］. 北京：中国金融出版社，2019.

从表 10－1 中我们可以看出，在各种各样的贷款项目中，有"信用记录良好""持续有效经营"等信息。这些信息都在一定程度上反映了交易的成功率。阿里小贷正是在这些海量数据基础上才发展出大数据信贷的新型模式。事实上，大数据还可以在贷中和贷后对企业进行监督。在贷后，淘宝网络平台本身就是一种抵押品。而在贷中，阿里巴巴也可以应用大数据对贷款者进行监督。例如，某一企业声称贷款是为了打广告，那么通过淘宝平台观察其访问量是否增加就可以起到监督作用。

六、思考与小结

以上是针对 P2P 风险和大数据信贷的一些讨论。事实上金融科技包含的内容很广，大数据信贷只是其中一个小的分支。通过前面的分析，我们得出以下思考与结论。

第一，针对 P2P 平台，其实中间有很多主流媒体和名人的站台。在 Holstrom 和 Tirole（1997）的结论中，其实最基础的信贷模式就是 P2P。而在正常情况下，P2P 平台上也是需要有抵押品才能完成借贷的。此时，主流媒体和名人的站台却成了这些抵押品的替代。

第二，上个观点提到的抵押品事实上起到了信用替代的作用。如果人与人之间的信用能用技术来完成，如区块链，那么是不是借贷双方的信任就能得到解决？这可能是将来大数据技术发展的方向。

第三，在大数据信贷中，我们所提到的都是大数据好的一方面，但大数据总是好的吗？该问题的答案是不一定。大数据涉及的个人隐私问题其实目前很难解决，而且在很多时候会有人创造出一些无用的大数据来误导消费者（如大众点评中的虚假点评）。解决这些问题可能需要数据归属权的确认。如果能确认数据的归属权，就能完全分辨权利和义务，那么针对利用大数据侵犯他人隐私者就可以进行追责。

对于金融科技，笔者始终相信大数据才是其发展的核心。我们将进入金融数据时代，深刻理解大数据在经济和金融方面的真正影响才能理解金融科技的核心，技术的发展才会更加有针对性。虽然金融科技是"金融＋科技"，但其核心仍是金融。

参考文献

［1］安东尼·桑德斯，马西娅·米伦·科尼特．金融机构管理：一种风险管理方法（第5版）［M］．王中华，陆军，译．北京：人民邮电出版社，2009.

［2］彼得·S. 罗斯，西尔维娅·C. 赫金斯．商业银行管理（原书第9版）［M］．刘园，译．北京：机械工业出版社，2013.

［3］罗煜，宋科，邱志刚．互联网金融中的非法集资典型案例解析［M］．北京：中国金融出版社，2019：1－245.

［4］茆诗松，程依明，濮晓龙，等．概率论与数理统计教程：第二版［M］．北京：高等教育出版社，2011.

［5］邱志刚，罗煜，江颖，伍聪．金融科技会颠覆传统金融吗？——大数据信贷的经济解释［J］．国际金融研究，2020（8）：35－45.

［6］王江．金融经济学［M］．北京：中国人民大学出版社，2006.

［7］谢平，邹传伟，刘海二．互联网金融的基础理论［J］．金融研究，2015（8）：1－12.

［8］中国银行间市场交易商协会教材编写组．金融市场风险管理：理论与实务［M］．北京：北京大学出版社，2019.

［9］ARTZNER P, DELBAEN F, EBER J, & HEATH D. Coherent Measures of Risk［J］. Mathematical Finance, 1999, 9（3）：203－228.

［10］BASAK S, SHAPIRO A. Value－at－Risk Based Risk Management：Optimal Policies and Asset Prices［J］. Review of Financial Studies, 2001, 14

（2）：371 – 405.

［11］BLACK F, COX J C. Valuing Corporate Securities：Some Effects of Bond Indenture Provisions ［J］. The Journal of Finance, 1976, 31（2）：351 – 367.

［12］BLACK F, JENSEN M, SCHOLES M. The Capital Asset Pricing Model：Some Empirical Tests ［M］//JENSEN M C. Studies in the Theory of Capital Markets. New York：Praeger, 1972：79 – 124.

［13］BOLLERSLEV T. Generalized Autoregressive Conditional Heteroske-dasticity ［J］. Journal of Econometrics, 1986, 31（3）：307 – 327.

［14］DANIELSSON J, SHIN H S. Endogenous risk ［M］// PETER F. Modern Risk Management：A History. Risk Books, 2003：297 – 316.

［15］ENGLE R F. Autoregressive Conditional Heteroscedasticity with Esti-mates of the Variance of United Kingdom Inflation ［J］. Econometrica, 1982：987 – 1007.

［16］FROOT K A, DABORA E M. How are Stock Prices Affected by the Location of Trade? ［J］. Journal of Financial Economics, 1999, 53（2）：189 – 216.

［17］GESKE R. The Valuation of Corporate Liabilities as Compound Op-tions ［J］. Journal of Financial and Quantitative Analysis, 1977：541 – 552.

［18］GREENWOOD, ROBIN, VAYANOS D. Price Pressure in the Gov-ernment Bond Market ［J］. American Economic Review：Papers and Proceed-ings, 2012, 100（2）：585 – 90.

［19］HOLMSTROM, BENGT, TIROLE J. Financial Intermediation, Loan-able Funds, and the Real Sector ［J］. The Quarterly Journal of Economics, 1997, 112（3）：663 – 691.

［20］HUANG S, JIANG Y, QIU Z, & YE Z. An Equilibrium Model of Risk Management Spillover ［J］. Journal of Banking and Finance, 2019, 107（10）.

［21］ HULL J C. Options Futures and Other Derivatives ［M］. 5th ed. Pearson Education, 2003.

［22］ HULL JOHN C. Risk Management and Financial Institutions ［M］. 1st ed. Prentice Hall, 2006.

［23］ SHIN H S. Risk and Liquidity: Clarendon Lectures in Finance ［M］. Oxford: Oxford University Press, 2010.

［24］ JAGANNATHAN R, MCGRATTAN E R. The CAPM Debate ［J］. Quarterly Review, 1995, 19: 2 – 17.

［25］ Leland H E. Corporate Debt Value, Bond Covenants, and Optimal Capital Structure ［J］. The Journal of Finance, 1994, 49 (4): 1213 – 1252.

［26］ LINTNER J. Security Prices, Risk, and Maximal Gains from Diversification ［J］. The Journal of Finance, 1965, 20 (4): 587 – 615.

［27］ LOWENSTEIN R. When Genius Failed: The Rise and Fall of Long – Term Capital Management ［M］. Random House Trade Paperbacks, 2001.

［28］ AMSTAD M, SUN G, XIONG W. The Handbook of China's Financial System, 2020.

［29］ MARKOWITZ H M. Portfolio Selection ［J］. The Journal of Finance, 1952, 7: 77 – 91.

［30］ MERTON R C. Financial Innovation and Economic Performance ［J］. Journal of Applied Corporate Finance, 1992, 4 (4): 12 – 22.

［31］ MERTON R C. On the Pricing of Corporate Debt: The Risk Structure of Interest Rates ［J］. The Journal of Finance, 1974, 29 (2): 449 – 470.

［32］ MODIGLIANI F, MILLER M H. The Cost of Capital, Corporation Finance and the Theory of Investment ［J］. The American Economic Review, 1958, 48 (3): 261 – 297.

［33］ MOSSIN J. Equilibrium in a Capital Asset Market ［J］. Econometrica, 1966: 768 – 783.

［34］ SHARPE W F. Capital Asset Prices: A theory of Market Equilibrium under Conditions of Risk ［J］. The Journal of Finance, 1964, 19 （3）: 425 – 442.

［35］ SHLEIFER A, VISHNY R W. The Limits of Arbitrage ［J］. The Journal of Finance, 1997, 52 （1）: 35 – 55.

［36］ SHREVE S E. Stochastic Calculus for Finance II: Continuous – time Models ［M］. New York: Springer – Verlag, 2004.

［37］ TREYNOR J L. Toward a Theory of Market Value of Risky Assets, 1961.